【図説】日本の鉄道

特別編成

山陽・九州新幹線ライン

全線・全駅・全配線

C O N T E N T S

表紙：広島駅付近を走る「ひかりレールスター」新大阪行(左)とドクターイエロー
(撮影：川島令三)

はじめに

川島令三［編著者］

2011（平成23）年3月の九州新幹線鹿児島ルートの開業は、大阪と鹿児島とが1本のレールでつながった歴史的瞬間でもあった。いま、「みずほ」「さくら」が快走するルートの背景には、構想約40年という年月以上の、知られざるドラマの数々が潜んでいる。

本書は、『【図説】日本の鉄道』シリーズで好評をいただいた線路配線図を中心に、駅データ、車両紹介、さらに、シリーズ初登場のダイヤグラム解析も加え、多角的に山陽・九州新幹線を徹底紹介する特別編成である。

特集では、山陽新幹線の ーツである弾丸列車計画、 中の西九州ルート、基本 新幹線である東九州新幹 ついて、独自取材による をし、思いもよらぬ新幹 の真実に迫った。

ダイヤグラムの片すみに、あるいは、普段気にも留めなかった1本の線路に見え隠れする、知られざる鉄道計画の数々を解き明かしていく。

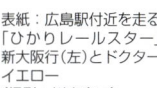

江津
島根
益田
広島
博多総合車両所
広島支所
可部
西条
東広島
広島
呉
新岩国
岩国
錦町
山口
仙崎
長門市
厚狭
山口
新山口
徳山
宇部
小野田
長門本山
宇部新川
新下関
下関
小倉
門司港
門司
若松
折尾
城野
鞍手
直方
行橋
西戸崎
香椎
長者原
新飯塚
姪浜
博多
宇美
桂川
田川
後藤寺
鞍手保守基地
博多南
博多南線60
博多総合車両所
西唐津
佐賀
新鳥栖
鳥栖
たびら平戸口
伊万里
久留米
夜明
福岡
有田
肥前山口
佐賀
佐世保
早岐
嬉野温泉(仮称)
武雄温泉
筑後船小屋
新大牟田
大牟田
新大牟田保守基地
長崎
大村
新大村(仮称)
新玉名
玉名
諫早
長崎
島原外港
九州新幹線
西九州ルート
立野
熊本
高森
熊本総合車両所
三角
新八代
八代
熊本
宮崎
新水俣
湯前
人吉
出水
吉松
九州新幹線60
川内
南宮崎
宮崎
宮崎空港
隼人
都城
川内新幹線車両センター
鹿児島中央
鹿児島
志布志
枕崎
指宿
大分
大分
松山
伊予大洲
宇和島
宿毛

数字は路線紹介ページに対応しています。数字がない路線と小文字の駅は掲載していません。

掲載路線と駅マップ

LINES and STATIONS

特集❶ 鉄道絶景

新幹線を俯瞰する

新幹線はその性質上、高架線を走ることが多い。駅のホームでならともかく、雄大な走行シーンを眺めることは、実は意外と難しいのである。高架線が見下ろせる高台か、高層ビルの上層階にでも上らなくてはならないが、せっかく上ってみたのに、新幹線が見下ろせる方角には立ち入れなかった……ということもよく起こる(筆者も何度か経験済みである)。

だからこそ、俯瞰ができるスポットを見つけたときの感激はひとしおだ。高い位置から眺めると、列車ダイヤに従って走る新幹線の、さまざまな表情を堪能することができる。たとえば早朝、始発の新幹線が車両基地から回送されてくるシーン、立体交差する在来線とのツーショット、上りと下りの新幹線すれ違いシーンなどである。ここでは、山陽・九州新幹線の〝ベスト俯瞰ショット〟のいくつかをご紹介する。

相生駅

「東横イン相生駅新幹線口」から撮影。相生駅の在来線は、山陽線と同線から分岐する赤穂(あこう)線が通っている。写真は、山陽新幹線の相生駅に進入する「こだま」新大阪行(上／「ひかりレールスター」用 700 系を使用)と、223 系電車による播州(ばんしゅう)赤穂行の普通列車(下)

姫路駅

手柄山(てがらやま)中央公園の展望台から新幹線を見る。山陽新幹線には 500 系「こだま」が走り、その下を山陽線と姫新(きしん)線が並行して交差、姫新線には新形の気動車が走っている。また 500 系電車の中央付近の奥には山陽姫路駅がある。右下から延びている黒い高架は、廃止された姫路モノレールの軌道桁(けた)

岡山駅

駅前の高層ホテルから撮影。岡山駅の新大阪方面と博多方面の両方向を望むことができる。写真は博多寄りを写したもので、「のぞみ」の下り（右下）と上り（左上）がすれ違っている。高架下の奥に広がるのは在来線の留置線で、特急「スーパーいなば」が留置されている。その右側から回り込んで新幹線高架橋をくぐる線路は宇野（うの）線、右端には吉備（きび）線の線路が見える

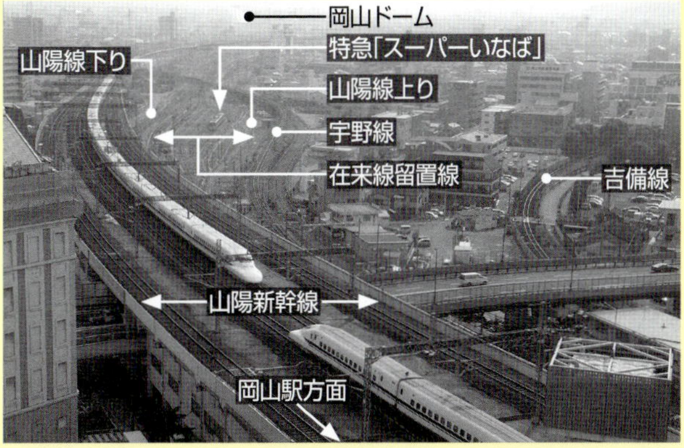

熊本駅

「東横イン熊本駅前」から鹿児島中央寄りを見る。800系「さくら」の横には、新設された在来線の熊本車両基地が見える

広島駅

駅前の高層ホテルから撮影。写真は「のぞみ」東京行（手前）と広島電留線から回送されて上1線に入る広島始発の「のぞみ」、荒神陸橋の下には山陽線と芸備（げいび）線の在来線が並行し、貨物ヤード跡地を流用した「MAZDA Zoom-Zoom スタジアム広島」が見える

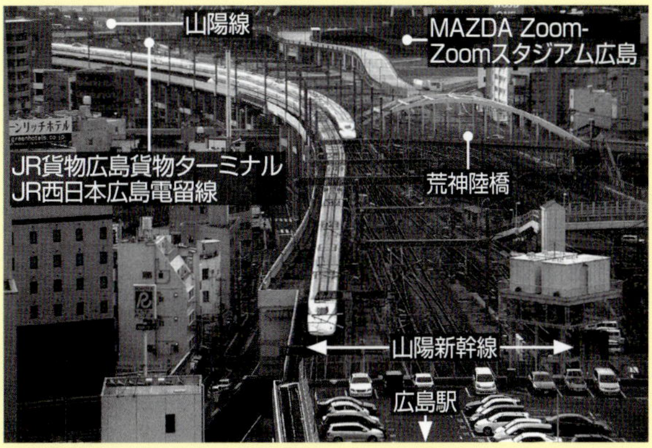

特集❷ 未完の九州新幹線計画

「東九州新幹線」放置された用地

約40年前、東九州に計画された新幹線計画。
２つの新駅用地、不自然に幅の広い架線柱など、
今も残る痕跡をひとつひとつ辿ると、
旧国鉄が描いた青写真と壮大な〝線〟があぶり出された。

❶馬場山新駅用地。走っている 700 系の最後部（写真左）の左方向に石坂トンネルの坑口、先頭（写真右）あたりに香月架道橋がある。香月架道橋付近が駅中心にあたると思われる

1970(昭和 45)年５月、「全国新幹線鉄道整備法」が成立。すでに開業していた東海道新幹線や建設中の山陽新幹線に続き、全国に新幹線路線が建設されることになった。その後、運輸省(現・国土交通省)の政令によって「建設を開始すべき新幹線鉄道の路線を定める基本計画」が相次いで告示され、全国の新幹線建設候補路線が明らかとなっていく。

1973(昭和 48)年 11 月には、福岡市を起点に、大分市付近、宮崎市付近を経由して鹿児島市に至る「東九州新幹線」の基本計画が告示された。総延長は約 430km、そのうち約 40km については山陽新幹線と重複するとされた。さらに、山陽新幹線と東九州新幹線の分岐点は博多駅から小倉駅に向かって 40km の地点とされた。

だが、計画発表から 38 年たった現在でも、東九州新幹線は実現しないままの状況が続いている。しかし、その当時の痕跡は、山陽新幹線のあちこちに残されている。

現在、山陽新幹線と東九州新幹線の分岐点になるはずだった場所には、山陽新幹線の馬《ば》場《ば》山《やま》保線管理所が置かれている。この付近の山陽新幹線は、旧・筑豊《ちくほう》炭田の廃坑が多いことから地盤沈下の危険性がある。そのため、軌道の沈下や傾きを修正できるようにバラストを厚くしたほか、橋台、橋脚が傾いてもジャッキで修正できるようにジャッキ受台を設置している。馬場山保線管理所はそれらの作業拠点として設置されたものである。

管理所付近には、北九州都市高速４号線をまたぐ香月《かつき》架道橋がある。小倉寄りの石坂トンネルから香月架道橋の先を見ると、島式ホーム２面６線の大きな駅を設置するスペースがあるのがわかる。現

❷黒川架道橋。奥に石坂トンネル坑口があり、黒川架道橋は東京起点 1029.7km 地点にある。この下を都市計画道路が貫通するといわれていたが、博多寄りで交差した。ここは駅のコンコースとして利用するつもりだったのだろう。トンネル坑口から少しずつ広がるように鉄道用地が確保されているのは、やはり駅用地として確保したものと思われる

❸山陽新幹線の東側にある馬場山北公園付近。新幹線に沿った側道を挟んでこの公園（右）があるが、公園の端部に鉄道用地境界を示す「工」マークが入った標柱が埋められている

❹馬場山北公園にある「工」マークの標柱

在は新幹線線路の両側を囲む一帯が「楠《くすのき》東《ひがし》緑地」として整備され、公園のようになっている。緑地やその両側にある側道の外側には「工」マークが入った杭が埋め込まれている。「工」マークは鉄道用地とその他の用地の境目に埋め込まれるもので、側道を含む緑地周辺が鉄道用地であることを示すものだ。東九州新幹線が開業した暁には、石坂トンネル坑口の先からこの緑地一帯に駅が設置されることになっているのである。

馬場山保線管理所から博多寄りに進むと、線路の両側に複々線化用地が確保された区間に入り、これが筑豊電鉄と交差する500m手前まで続いている。さらに、筑豊電鉄と交差した後も複々線化用地が続き、遠《おん》賀《が》川を渡った博多寄り、筑豊線と交差する地点にも２面６線分の駅設置用地が広がっている。この用地には以前から駅設置のうわさがあり、地元では筑豊新駅、新直方《しんのおがた》駅などと仮称している。また、馬場山保線管理所と同様、この駅設置用地もＪＲ西日本が所有している。しかし、馬場山保線管理所の新駅用地と筑豊新駅の予定地との距離はわずか５km程度。２つの駅が設置されるには近すぎる距離で、通常ならばこのような計画はされないはずである。だが、両駅予定地とも山陽新幹線が開通したときから既に準備されている。これはどういうことなのだろう。

❺遠賀川の東岸付近には再び明確な複々線化用地がある。しかも、架線柱の幅が通常の新幹線よりも広くとられている

❻遠賀川付近には「新幹線駅を実現させよう」の柱看板が立てられている

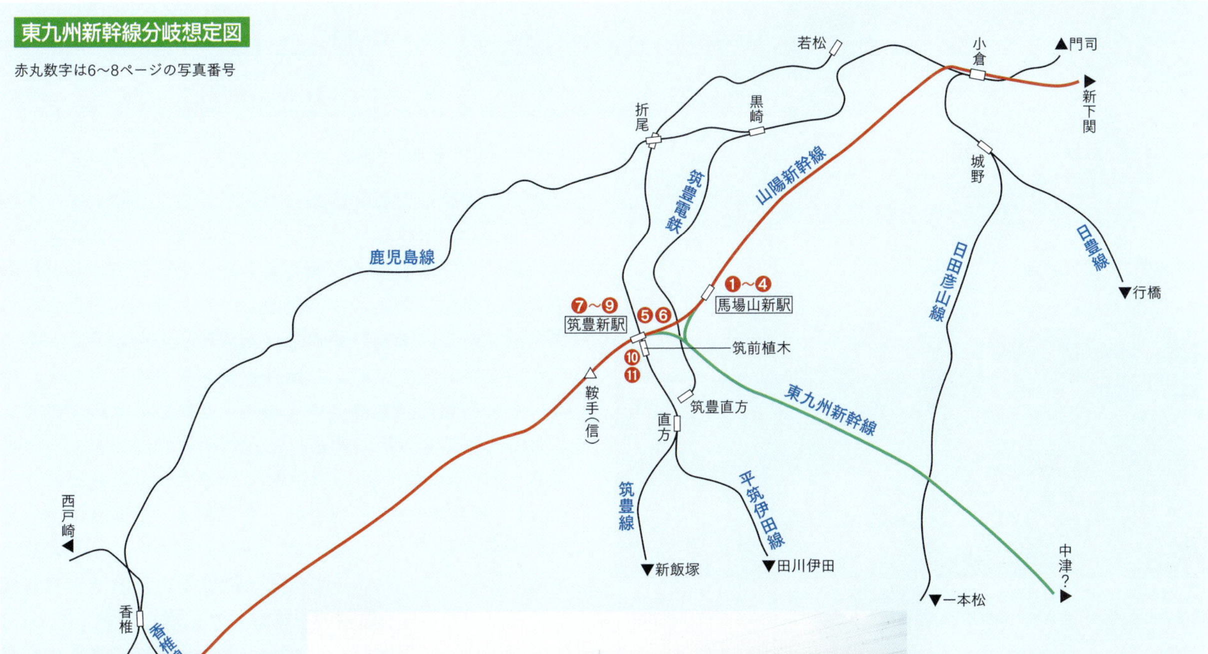

東九州新幹線分岐想定図

赤丸数字は6〜8ページの写真番号

❼筑豊線との交点付近には、新幹線にも筑豊線にも駅用地が確保されている。筑豊線のほうは貨物側線が広がっていた

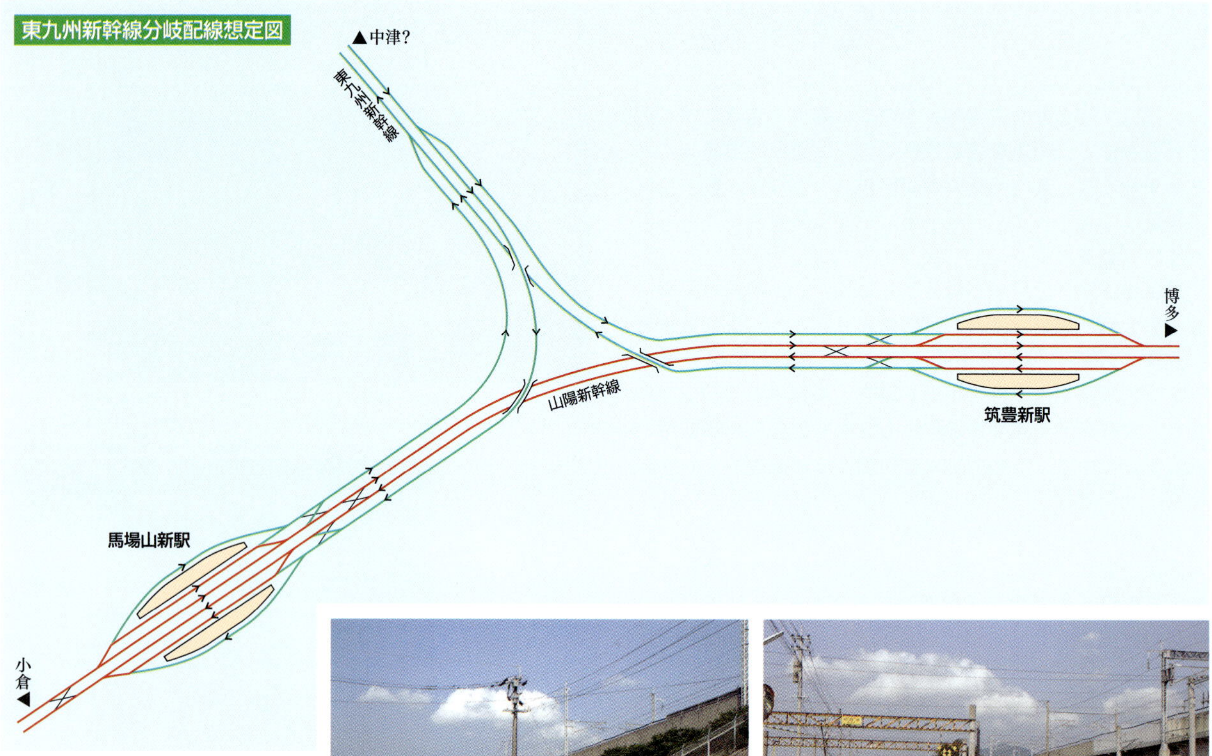

❽博多寄りの筑豊新駅用地

❾筑豊新駅中心付近。高架下の緑地帯の柵には「ＪＲ西日本の用地である」という旨の小さな看板が掲げられている

❿山陽新幹線の南側を並行する九州自動車道の直方パーキングエリアの端から博多寄りを見る。空き地が新駅用地。架道橋のところで筑豊線も交差している

⓫直方パーキングエリア（左端）の裏側を見る。島式ホーム２面６線にするには九州自動車道側の用地が足りないので、新駅設置のためにパーキングエリアの建屋を駅の構内に入れるつもりだったと推測される

当時、国鉄は各新幹線の分岐駅をできるだけスイッチバックをしないですむ構造でつくろうと考えていた。東九州新幹線についても博多方面と新大阪方面の両方から方向転換なしで直通できるように計画された。新大阪方面からは馬場山新駅で、博多方面からは筑豊新駅で分岐する。両方向から立体交差で分岐した線路は南方で合流したのち、中《なか》津《っ》・大分方面に向かうというルートを想定したのである。

2011（平成 23）年に開業した九州新幹線鹿児島ルートと現在一部区間で建設が開始されている九州新幹線長崎ルート（現・西九州ルート）の分岐・合流駅も、計画段階では鹿児島中央方面からは久留米駅、博多方面からは新鳥栖駅とされていた。そのため、両駅間の距離も 5.7km と非常に短いにもかかわらず、両駅の設置は早い段階に決定していた。

ちなみに、新下関駅には博多方面から分岐できる山陰新幹線の分岐設備があり、同駅から４km 新大阪寄りのところに馬場山と同様の新駅設置用地がある。

馬場山保線管理所周辺や、筑豊新駅の予定地周辺に確保された鉄道用地は「全国新幹線鉄道整備法」で描かれた壮大な新幹線整備プランを現在に伝える〝生き証人〟といえよう。建設の目処はたっていないが、法的に白紙になったわけではなく、世の中の状況が変われば整備新幹線に昇格、開通させることになっている。今後の動向を静かに見守りたい。

山陽・九州新幹線ダイヤグラム

Service Planning DIAGRAM

ダイヤグラムについて

「ダイヤグラム」（以下、ダイヤ）とは、おもに鉄道事業者が日々の列車運行業務や輸送計画業務に使用するもので、鉄道の創成期から使われている。列車を走らせるためには、なくてはならない存在である。

市販の時刻表とは違い、上り・下りの列車が１枚の表に掲載されているので、単線区間での列車の行き違いはもちろん、列車の待避・追越もひと目でわかるという優れものだ。正式名称は「列車運行図表」だが、通称「列車ダイヤ」「トレインダイヤ」などとも呼ばれている。鉄道事業者が実際に使用している業務用のダイヤはほとんどが社外秘扱いで、入手不可能である。なお、業務用のダイヤでは、基本的に秒単位で列車の運行が表されている。

本書で掲載したダイヤは、フリーソフトの「WinDIA」を使用して、市販の時刻表や鉄道事業者のホームページに掲載している時刻を入力して作製したものである（「WinDIA」は Microsoft Windows〔ver3.1 以後〕上で動作するダイヤ作製ソフト。詳細は注を参照）。なお、回送列車や貨物列車、車庫（車両基地）からの入出庫記号などは割愛した。

ダイヤグラムの見かた

Ⓐ　横線：駅

下りの起点駅がいちばん上にあるのが基本。横線（駅）の間隔は、実際の距離ではなく基本にした列車の所要時間で決めているため、間隔が広いほど所要時間が長い。

Ⓑ　縦線：時分

縦線の間隔は各ダイヤによって異なり、１時間間隔から１分間隔まで任意で定めて作製されている。列車の本数が多い線区ほど、間隔が狭く（時間が細かく）なる。

Ⓒ　斜線：列車

左上から右下に走る（右肩下がり）斜線が基本的に下り列車、左下から右上に走る（右肩上がり）斜線が上り列車。この列車を示す斜線は「スジ」と呼ばれている。

斜線（列車）と横線（駅）の交点がその駅に停車または通過することを表し、その交点と縦線（時分）との交点が、その駅に停車（到着・出発）または通過する時刻になる。

斜線が水平線（横線）になっている部分は停車を表し、水平線が長くなるだけ停車時間も長くなる。斜線では、傾きのきついほうが速度の速い列車、傾きのゆるいほうが速度の遅い列車として表される。また、列車の速度が速くなるとスジが垂直に近づくため「スジを立てる」、逆に列車の速度が遅くなるとスジが水平に近づくため「スジを寝かせる」という。このように、ダイヤでは列車の速度についても視覚的に認識することが可能。なお、一般的には普通列車が 45 度の傾きで設定されることが多い。

Ⓓ　待避・追越

前の列車を後続の列車が追い抜いている様子がわかる。左の図のⒹでは、熊本駅で下り「つばめ」333 号が待避して、「みずほ」601 号が追い抜く例を示している。

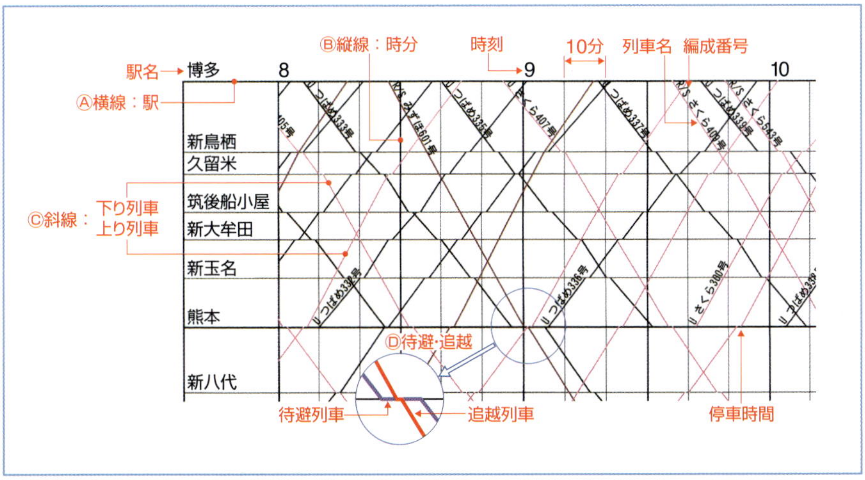

注①「WinDIA」を使用し、作製・出力したダイヤグラムを掲載。「WinDIA」の著作権は古川知幸氏に帰属する。ダウンロードアドレスは以下のとおり。http://www.vector.co.jp/soft/win31/home/se021682.html

②2011 年 3 月 12 日改正のダイヤをもとに作製、その後の変更などは 2011 年 8 月発売の市販の時刻表に準拠した。また、図を見やすくするために、1分未満の秒単位は切り捨て、またはくり上げなどの調整を行っている。

ダイヤ徹底解析！ 山陽新幹線編

本書の山陽新幹線のダイヤは、最速列車の「みずほ」が直線になるように設定した❶。新大阪駅と博多駅をのぞく山陽新幹線各駅の停車時間は、待避がない場合45秒か1分となる。そのため、各駅でスジに段差があるところは停車していることを示している。

山陽新幹線を走る列車

東海道新幹線と山陽新幹線の間には「のぞみ」「ひかり」の直通列車が設定されており、1時間あたり「のぞみ」が3本、「ひかり」が1本山陽新幹線に乗り入れる。しかし、山陽新幹線には土休日や観光シーズンなど多客期にそなえて、毎時1～2本の不定期列車の設定がある。そのため、「こだま」の一部の停車駅では不定期列車の待避を前提にした3～10分程度の停車時間を確保している。このほか、山陽新幹線のみを運行する「ひかりレールスター」（注1）「こだま」、新大阪発着で山陽新幹線から九州新幹線に直通する「みずほ」「さくら」が運転されている。

「のぞみ」「ひかりレールスター」「さくら」は列車によって停車駅が異なる。300km/h程度で運転している列車では、基本的に1駅停車駅が増えるたびに所要時間は5分遅くなるので、列車によって所要時間が異なることになる。

パターン化しにくいダイヤ

東海道新幹線はすべての列車の最高速度が270km/hに統一されており、毎時間帯のダイヤパターンもほぼ同一となっている。1時間に「のぞみ」が9本、「ひかり」が2本、「こだま」が3本走れるようになっているが、時間帯によっては「のぞみ」の運転本数を減らして輸送量を調整している。

一方、山陽新幹線は、東海道新幹線とは異なり、投入される形式によって最高速度が異なる。各形式の最高速度は、N700系は300km/h、700系と500系は285km/h、300系は275km/h、100系は220km/hとなる。

定期列車の「のぞみ」は基本的にN700系を使用しているが、不定期「のぞみ」は700系と300系も使用する。そのため、停車駅が同じ「のぞみ」でも定期列車と不定期列車では所要時間が異なる。また、300km/h運転の「さくら」と285km/h運転の「ひかりレールスター」は、停車パターンが似ているものの、最高速度の違いによる所要時間の差が発生する。

上記のようなことから、東海道新幹線では早朝と夜間を

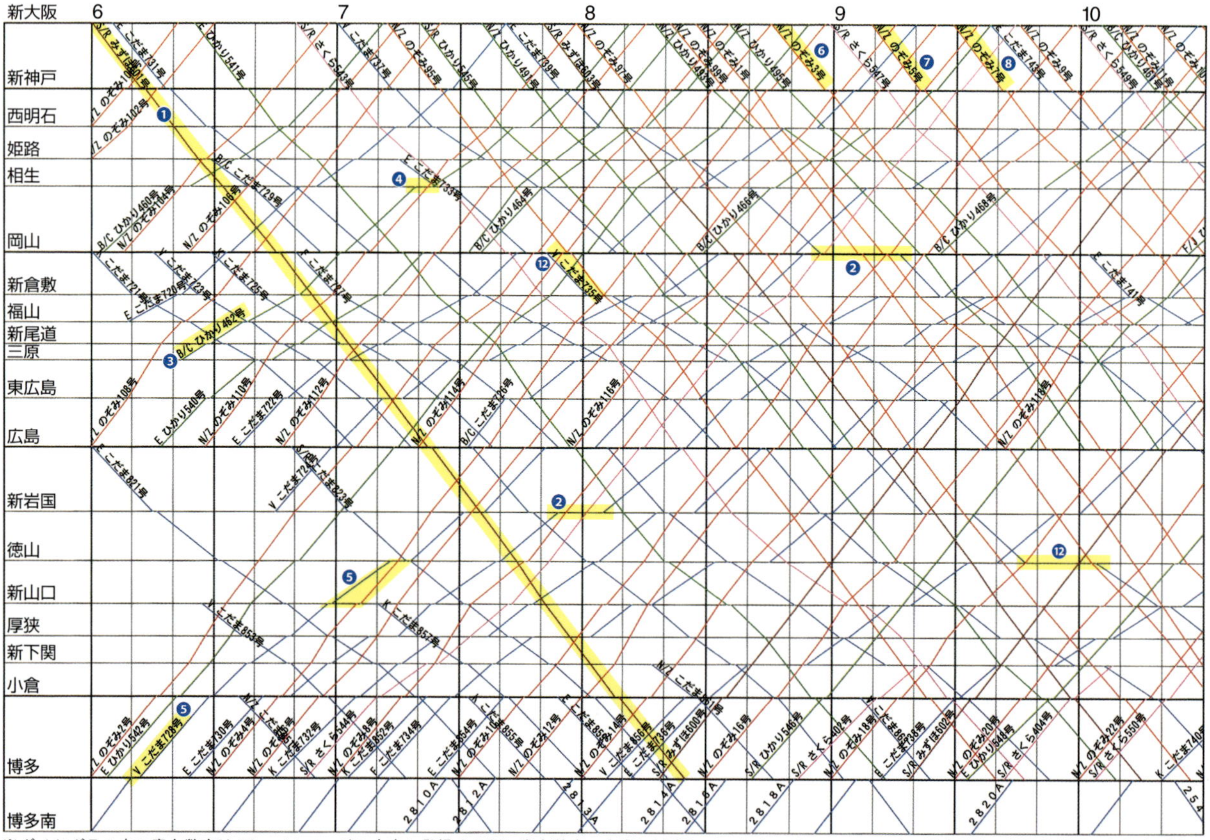

※ダイヤグラム中の青丸数字は10～14ページの本文に登場する同じ青丸数字の内容に対応しています。10～17ページの編成番号の記号は以下のとおり（カッコ内は所属会社）：U＝800系6両（JR九州）／N＝N700系16両（JR西日本）／Z＝N700系16両（JR東海）／S＝N700系8両（JR西日本）／

のぞいてほぼ完全なパターンダイヤになっているが、山陽新幹線では利用者にとって必ずしもわかりやすいダイヤにはなっていないのが現状だ。

山陽新幹線はデイタイムこそパターンダイヤを何とか維持しているものの、早朝時間帯についてはまったくパターン化されておらず、午前6時になると各駅に滞泊させていた列車が一斉に発車していく。下りでは新大阪始発・鹿児島中央行の「みずほ」601号、岡山始発・広島行の「こだま」721号、広島始発・博多行の「こだま」821号、上りでは博多始発・東京行の「のぞみ」2号、広島始発・東京行の「のぞみ」108号、姫路始発・東京行の「のぞみ」102号、西明石始発・東京行の「のぞみ」100号がそれぞれ上記の内容に該当する。

待避時間の長さが生む「こだま」の楽しみ

東海道新幹線で「こだま」が「のぞみ」1本を待避する時間は最短で2分45秒だが、山陽新幹線はATCがデジタル化されていないために最短でも3分15秒になる。しかも、多くの場合はそれよりも長い待避時間が設定されている。

その理由は、①停車時間を長めにとることによりダイヤが乱れた場合に調整しやすく、②「のぞみ」など速達列車優先のダイヤとするため、「こだま」の到達時間はある程度犠牲にされており、③待避する「こだま」と待避しない「こだま」があると運転間隔が一定ではなくなることから停車時間で調整する、などの点が挙げられる。

三原駅で待避している500系「こだま」を追い抜く「のぞみ」

山陽新幹線はデジタルATCでないために運転間隔が長いこともあって、**2本以上待避の場合には停車から出発まで10分以上を要することがある❷**。だが、2本のうち1本が不定期列車で運転されない場合などもあり、一般の乗客にとっては1本のみの通過なのにもかかわらず10分以上停車しているように感じられるはずだ。だが、物は考えようで、この長時間停車の間にホームやコンコースの売店、あるいは改札外の店舗などで、飲食物や土産物の購入ができる。これは、山陽新幹線の「こだま」ならではの楽しみと言えるかもしれない。

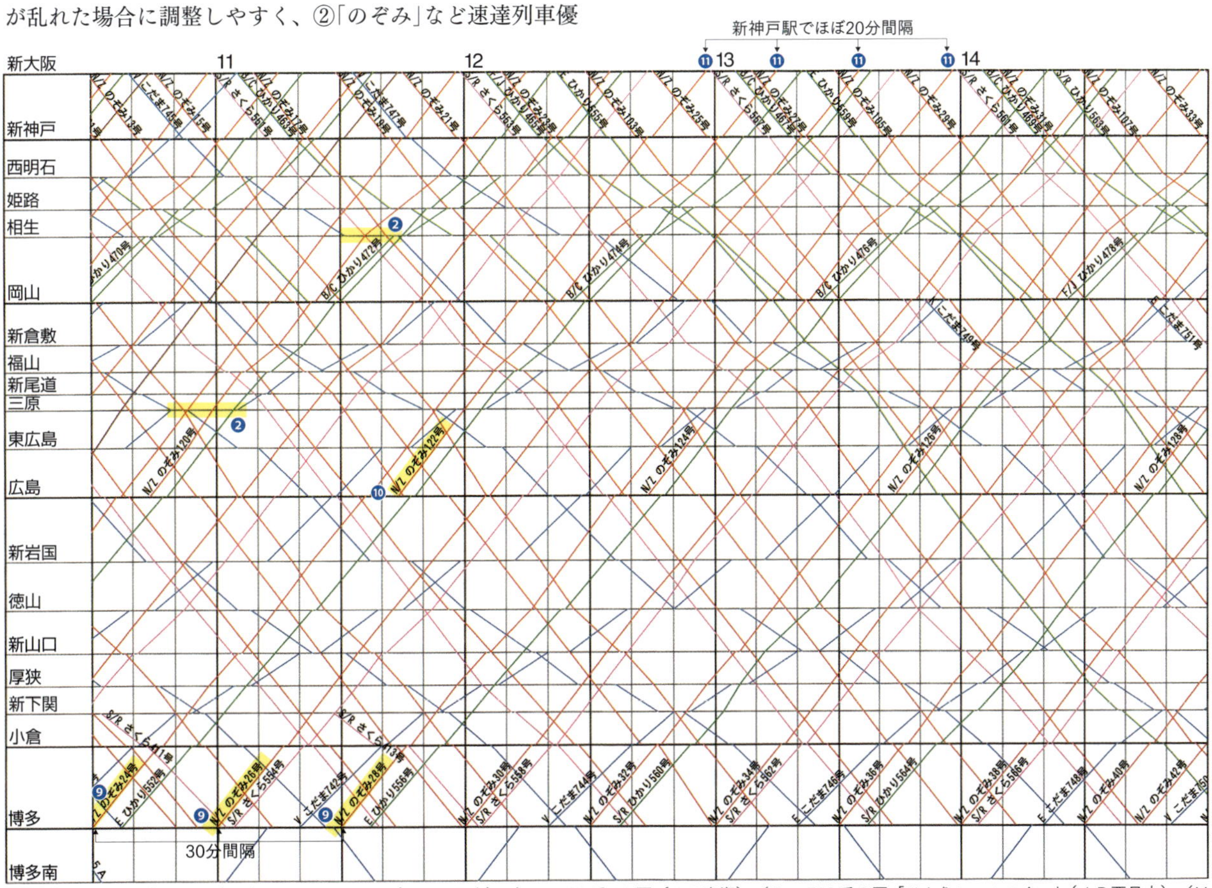

R＝N700系8両（ＪＲ九州）／B＝700系16両（ＪＲ西日本）／C＝700系16両（ＪＲ東海）／E＝700系8両「ひかりレールスター」（ＪＲ西日本）／V＝500系8両（ＪＲ西日本）／F＝300系16両（ＪＲ西日本）／J＝300系16両（ＪＲ東海）／K＝100系6両（ＪＲ西日本）

列車番号が教えるもの

新幹線は列車番号から種別がわかる。東海道・山陽新幹線では東京—博多間運転の「のぞみ」を下りは1からの奇数、上りは2からの偶数で発車順につけていく。

山陽新幹線の途中駅と東京駅との間を走る「のぞみ」には、下りは101からの奇数、上りは102からの偶数を付番するのが基本。しかし、例外もあって、通常は「のぞみ」が停車しない西明石駅の上り始発には〝100号〟が使われている(ちなみに、対となる下り列車は存在しない)。この上り「のぞみ」100号は前日に鳥飼車両基地から回送でやってきて西明石駅で滞泊する。また、山陽新幹線の「こだま」は、下りは721からの奇数、上りは720からの偶数を使うという決まりがある。

引上線や電留線がない駅での夜間滞泊は、翌日の出発方向に合わせて滞泊する発着線を決めるのが基本だが、各駅の配線状況などによっては、必ずしも出発方向の発着線に入線するとは限らない。具体的には姫路、福山、三原、新岩国、新山口の各駅である。これら始終発時の列車の動きに関しては、各駅の配線図を参照していただきたい。

ダイヤと停車駅の関係

山陽新幹線の朝時間帯には、ビジネス客の需要が上りと下りの両方面に発生するが、どちらかといえば上り新大阪・東京方面のほうが多い。このため、各駅からは上り「のぞみ」が次々発車していく。これに「ひかりレールスター」「ひかり」「さくら」「みずほ」が加わる。

東海道新幹線直通の「ひかり」は山陽新幹線内を各駅に停車する。列車番号は460番台になっていて、通常は岡山駅を始発・終着としている。しかし、「ひかり」462号の1本のみ三原始発となる❸。この列車は通常「こだま」しか停まらない新尾道駅、新倉敷駅にも停車し、山陽新幹線内の通過待避は相生駅での上り「のぞみ」110号の待避のみ❹という列車である。博多始発の上り「こだま」728号は徳山駅で「のぞみ」4号に抜かれるが、「のぞみ」4号は新山口駅に停車するので同駅で「こだま」728号を下車すれば7分待ちで乗り換えができる❺。

通常時間帯は「のぞみ」が1時間に3本走る。このうちの1本は基本的に広島折り返しで、多客期のみ博多駅まで延長運転される。このときの停車駅は新神戸駅、岡山駅、広島駅、小倉駅の「のぞみ」の基本停車駅に姫路駅が加わる。

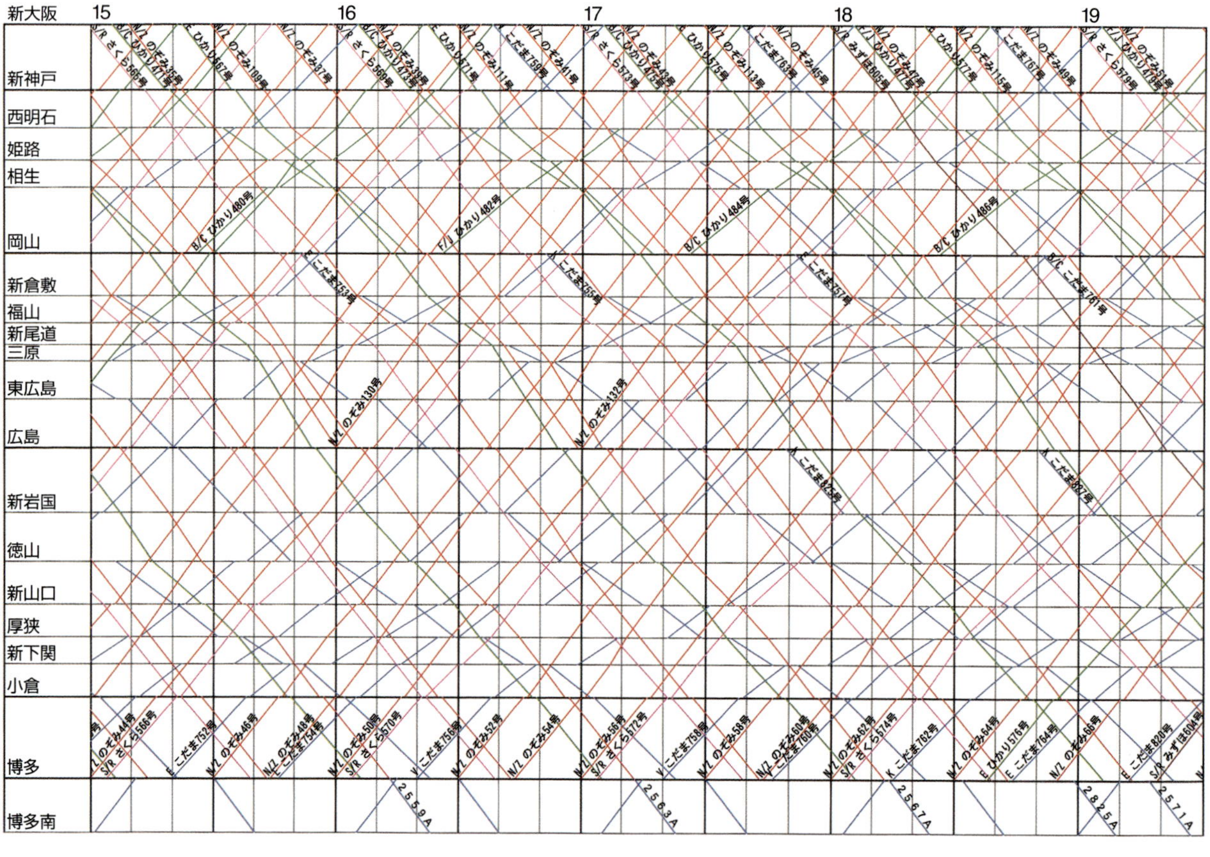

残りの２本は博多駅まで通し運転だが、そのうち１本は基本の停車駅に加えて福山駅、もう１本は基本の停車駅に加えて新山口駅に停車する。

「速いのぞみ」があるのはなぜか

「のぞみ」は東京発基準で見ると毎時10分発が新山口停車の博多行（新大阪発基準の場合は毎時45分発❻）、30分発（同、毎時09分発❼）が福山停車の博多行、50分発（同、毎時29分発❽）が姫路停車の広島行となっている。それぞれの「のぞみ」は、東京発の時点では20分間隔だが、東京―新大阪間の所要時間は毎時10分発の列車の２時間33分に対して30分発と50分発の列車は２時間36分と３分遅くなる。さらに、新大阪―姫路間の所要時間は10分発が45分、30分発は47分、50分発は52分と異なる（姫路駅に停車するのは50分発のみ）。

　さらに、30分発は福山駅に停車し、広島駅では10分発と30分発は32分の運転間隔になる。これは「のぞみ」は広島以西では基本的に１時間に２本の運転となるので、その間隔を30分前後として利用しやすいように調整しているからである。なお、10分発は新山口駅に停車するので、小倉駅到着はちょうど30分間隔にしている。結局、30分発の東京―博多間の所要時間は10分発よりほぼ10分遅くなっている。ダイヤを見ても東京発10分（新大阪発では45分）と東京発30分（同09分）の新神戸―岡山間のスジの角度は微妙に異なっている。

　これは上りの「のぞみ」でも同様であり、博多発の時点では30分の等間隔❾だが、広島駅から始発の「のぞみ」が加わり❿、新神戸駅ではほぼ20分の等間隔⓫にしている。広島駅、岡山駅では等間隔になっていなくても事前に乗る列車を予定する乗客が多いのに対し、新神戸駅では事前に乗る列車を決めずに自由席に乗る「飛び乗り客」が多い（新神戸―新大阪間がわずか13分ほどで、東京方面へ向かう客が新神戸駅から自由席に乗っても、新大阪駅で降りる客が多くほぼ座れるため）からである。

乗り換えのロスと「東京―鹿児島中央間直通列車」？

　山陽新幹線内の「さくら」は、下りは「のぞみ」に先行、上りは「のぞみ」に後続して走るように、なぜか設定されている。それは、後で述べるように乗り換えのムダが多く合理的ではないのだが、「ひかりレールスター」も「さくら」と約30分ずれた時間帯で同様の設定をしている。

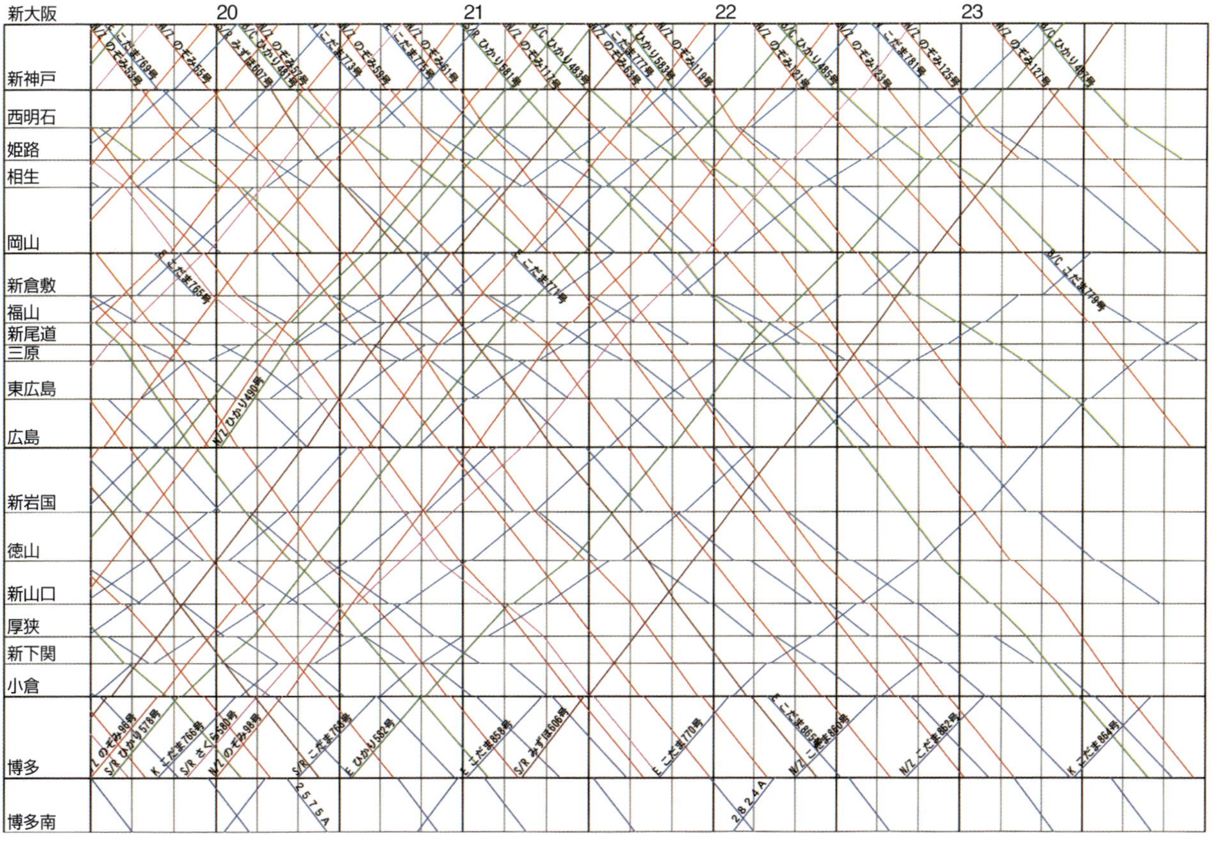

「さくら」と「ひかりレールスター」は「のぞみ」の補完列車（先行、または後続列車の混雑を緩和する列車のこと）として位置づけられているが、東海道新幹線区間のみを走る「のぞみ」とはほとんど接続していない。そのため、東京方面から途中駅の乗り換えで九州新幹線方面に向かうには、時間のロスが大きい。東海道新幹線から山陽新幹線に直通する「のぞみ」と、山陽新幹線から九州新幹線に直通する「さくら」の乗り換えは、新大阪駅、新神戸駅、岡山駅、広島駅、小倉駅、博多駅のどの駅で行っても九州新幹線内の各駅への到着時間は同じとなる。しかも、いまのダイヤ上、乗換時間は 20 分以上を要することになる。

もちろん、東京―鹿児島中央間の直通新幹線があれば、こうした乗り換えのロスはなくせるのだが、駅の構造上、現在８両より長い編成を作れない九州新幹線が、〝輸送力のムラを発生させないため、新幹線は 16 両編成のみ〟としているＪＲ東海区間を走ることはない。相容《あいい》れない２つの新幹線の現状が変わらない限り、実現はしないだろう。

乗り換えの便宜をダイヤで読み解く

「こだま」はおおむね１時間ごとだが、新大阪―岡山間では昼間時間帯の設定がない。これは、東海道新幹線直通の「ひかり」が各駅停車で岡山発着になって「こだま」の代役を務めているからである。朝や夜間には「こだま」が頻繁に運転され、「ひかり」と合わせて１時間２本運転となり、岡山以西では「こだま」だけで１時間に２本の運転になる。

下り「こだま」735 号は、徳山駅の 13 分停車をはじめ、各駅での停車時間が非常に長い列車である⓬。そのため、所要時間は「のぞみ」「さくら」と比べ約２倍になる。「こだま」735 号は徳山駅ではなく、厚狭《あさ》駅で待避することも可能だが、その場合、先行の「こだま」との間隔が短くなるとともに、後続の「こだま」との運転間隔は長くなる。広島駅から新山口以西の各駅に行く場合、新山口駅で「のぞみ」に乗り換えれば所要時間は短くなる。そのためもあって、厚狭駅ではなく徳山駅で時間調整の長時間停車をしている。これはダイヤからも読み解くことができる。列車ダイヤは目的地に早く到着するために、どこでどの列車に乗り換えるかを調べるのにも有効だ。

注１：「ひかりレールスター」は投入車両の愛称で、正式な列車名称は「ひかり」である。

ダイヤ徹底解析！ 九州新幹線編

本書の九州新幹線のダイヤは、各駅に停車する「つばめ」が直線になるように設定した❶。

ダイヤの解説に入る前に、まずは九州新幹線の基本的な配線について説明しておきたい。

九州新幹線ではほとんどの駅が相対式ホーム２面２線となっており、通過線と停車線に分かれた駅はない。新鳥栖《しんとす》駅、筑後船小屋《ちくごふなごや》駅、熊本駅、新水俣《しんみなまた》駅の４駅が追い越し可能な構造となっており、新鳥栖駅と熊本駅は島式ホーム２面４線、筑後船小屋駅は下り側のみ島式ホーム、新水俣駅は上り側のみ島式ホームとなっている。筑後船小屋駅と新水俣駅は駅の前後に渡り線が設置されており、筑後船小屋

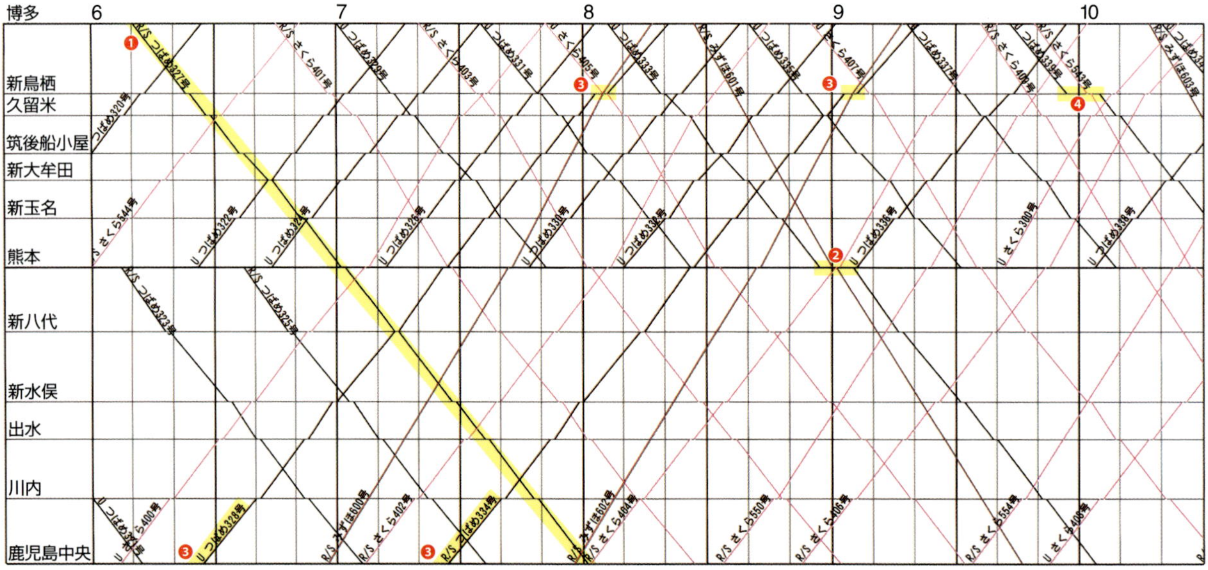

※ダイヤグラム中の赤丸数字は 14 ～ 17 ページの本文に登場する同じ赤丸数字の内容に対応しています。

駅は下り側の待避線(下１線)に上り列車が、新水俣駅は上り側の待避線(上１線)に下り列車が入線することができる。そのため、両駅とも上下双方の待避追い越しが可能である。だが、現在のところ、このような待避追い越しは行われない。

九州新幹線を走る列車

九州新幹線の基本ダイヤパターンは山陽新幹線直通の新大阪—鹿児島中央間の「さくら」、博多—鹿児島中央間の「さくら」、博多—熊本間の「さくら」、博多—熊本間の「つばめ」がそれぞれ１時間あたり１本の計４本である。区間別には博多—熊本間が１時間に４本、熊本—鹿児島中央間が１時間に２本となる。これに、１日４往復の熊本停車だけの「みずほ」が加わる。

九州新幹線内の基本停車パターンは新大阪—鹿児島中央間の「さくら」は久留米駅、熊本駅、川内《せんだい》駅、博多—鹿児島中央間運転の「さくら」は新鳥栖駅、熊本駅、熊本以南各駅、博多—熊本間運転の「さくら」は新鳥栖駅、久留米駅、「つばめ」は各駅停車となっている。また、「つばめ」は熊本駅で熊本以南各駅停車の「さくら」に連絡しており、新大牟田《しんおおむた》—新水俣間など途中駅同士の便宜を図っている。

停車駅パターンと停車追い越し

さて、現在九州新幹線には熊本駅にのみ停車する最速列車の「みずほ」が１日に４往復、いくつかの停車パターンがある準速達列車の「さくら」34 往復、各駅停車タイプの「つばめ」が下り 31 本、上り 30 本設定されている。

新鳥栖駅では１日に数回、待避と追い越しを行う

「さくら」の停車パターンは多彩で、新大牟田駅、筑後船小屋駅、新《しん》玉名《たまな》駅のいずれか１駅にのみ停車するもの、新鳥栖駅と久留米駅の両方に停車するもの、通常は久留米駅停車のパターンが新鳥栖駅停車になるものなどがある。また、乗客が集中する朝の時間帯も変則パターンを採る。

博多—鹿児島中央間の所要時間は「みずほ」が１時間 19 分、久留米駅、熊本駅、川内駅停車の「さくら」が１時間 28 分となり９分の差がある。したがって、１駅停車するごとにおよそ４分 30 秒所要時間が延びる計算になる。

ここで「みずほ」が熊本駅で行う停車追い越しを検証してみよう。たとえば、下りの「みずほ」601 号は熊本駅で「つばめ」333 号(博多—鹿児島中央間)を追い越す❷。この「つばめ」は３分前に待避線に入り、「みずほ」の４分後に発車する。「みずほ」の停車時間１分を加えると８分停車している。待避するまでの間隔よりも待避してから発車するまでの間隔のほうが長い。停車時のブレーキによる減速度は、発車時の加速度より高くできるためである(ちなみに、デジタル ATC を採用していない山陽新幹線でも、岡山駅や広島駅で停車追い越しを行っているものの、待避時間は最短７分と短く設定されている)。

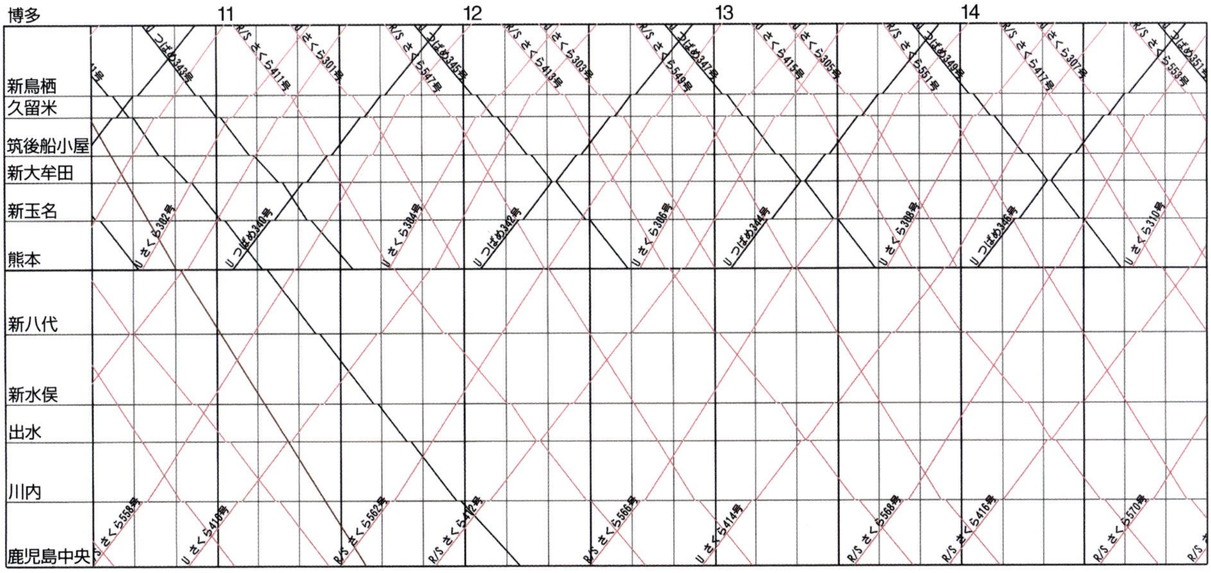

通過追い越しでロスをなくす

ところで、新幹線では停車追い越しよりも通過追い越しが多く設定される傾向が強い。通過追い越しの場合、待避列車が待避線に入ってから最短２分15秒後に追い越し列車を通過させ、最短１分15秒で待避列車を発車させることができるため、待避時間は最短３分30秒になる。

この仕組みを具体的に説明すると、以下のようになる。通常、275km/hで走っている２本の列車の運転間隔は４分程度(山陽新幹線の場合)だが、これは前方列車の速度制限の影響を後方列車が受けないために確保された間隔である。前方列車が停車によって速度を落としていくと、必然的に後方列車も影響を受けるが、その時必要とする間隔は２分15秒以上である。通過追い越しの場合、追い越し列車は高速で待避駅を通過する。待避した列車が発車しようとするとき、先行列車がまだ付近を走行中のため、待避した列車はATCによってまず70km/h制限の指示を受ける。しかし、加速の途中のためこの制限速度に達することはなく、加速しながら170km/h制限、220km/h制限と、次々と制限のスピードが高くなっていき、いずれも加速をさまたげるものではないので、１分15秒後という短い間隔での発車が可能となる。つまり、もともと３分間隔で走っていた列車同士の追い越しが、停車追い越しではなく通過追い越しを行うことによって、最短でわずか30秒程度のロスで済むことになる。九州新幹線はデジタルATCを採用しているので、運転間隔をさらに15秒または30秒詰めることが可能なのだが、東海道・山陽新幹線と比べると輸送需要が小さいことから、現在のところは余裕を持たせている。過密ダイヤになることを避け、「みずほ」が遅れても「つばめ」のダイヤに影響させないためである。

混雑を緩和させるダイヤの工夫

九州新幹線で通過追い越しをしているのは朝の上りが多い。**朝は鹿児島中央発の「つばめ」が変則的に２本運転されており、２本とも新鳥栖駅で「みずほ」を待避する❸**。仮に、熊本駅での停車待避とすると、博多駅に向かう客の大半が熊本駅で「みずほ」に乗り換える可能性が高く「みずほ」に乗客が集中することになる。一方、新鳥栖駅で待避する場合は、熊本駅のホームで16分間「みずほ」を待たなければならないため、これを敬遠する。さらにそのまま「つばめ」を利用しても、博多到着は「みずほ」よりも５分遅いだけである。そのため「みずほ」に乗り換える乗客が減り、両列車の混雑を平均化できる。このダイヤ作製の手法は通勤鉄道で多用されるものだ。

９時台には博多発の「つばめ」が新鳥栖駅で後続の同駅停車の「さくら」を停車待避している❹。この「つばめ」は博多駅で「のぞみ」と連絡しているが、「さくら」は山陽新幹線から直通してくるので、博多到着前にすでに混んでいる。そのため「つばめ」を先行させ、「のぞみ」からの乗り換え客をこちらに誘導することで、「さくら」の博多以南の混雑を抑えている。さらに、この「さくら」は降車客の少ない新鳥栖駅に停車する一方、降車客の多い久留米駅を通過している。これは、「のぞみ」からの乗り換え客のうち久留米駅で下車する乗客と、「さくら」の久留米駅下車客を、博多─新鳥栖

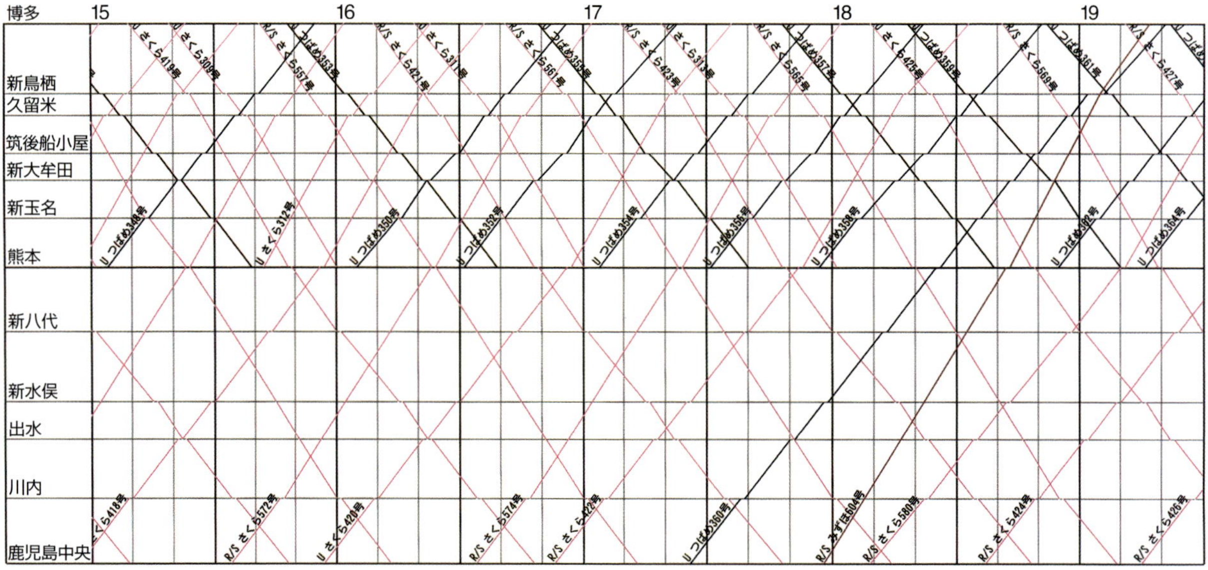

ダイヤを〝撮影の友〟に

新幹線電車がすれ違うシーンを撮影しようと思っても、たとえば時刻表を見ただけでは、何時にどこでどの列車がすれ違うのかを推測するのは至難《しなん》の業《わざ》である。

しかし、ダイヤなら簡単にわかる。ダイヤは走行時間で横線の間隔(距離)を設定しているので、厳密な位置までは割り出せないとしても、おおよそのすれ違い場所を推測することは可能だ。

ダイヤのスジを元に、熊本駅の博多寄りでのすれ違いシーンを推測して撮影

また、駅間で列車撮影をする際、時刻表では上りと下りの2つの欄を見る必要があるが、ダイヤでは次の列車が上りか、あるいは下りなのかということまで一目瞭然である。新幹線は高速で走行するため、あらかじめ列車が来る方向がわかれば、シャッターチャンスを逃すこともない。

熊本駅と同様に、新玉名駅の熊本寄りでのすれ違いシーンを撮影

間で「つばめ」に誘導することを目的としており、このイレギュラーな追い越しパターンも「さくら」の混雑を抑えるためのダイヤ設定である。

レールのサビつきを防ぐためのダイヤ

夜の下り列車では、筑後船小屋駅で「つばめ」の通過待避が2回行われる。1回目は20時台で「さくら」を待避する❺。この時間帯には「みずほ」が設定されており、博多―熊本間の速達列車間隔が短くなっていることから、この駅で「さくら」を先行させているのだ。2回目の待避は22時台でこちらは「みずほ」を待避する❻。本来、新鳥栖駅で待避すれば前後の「つばめ」との間隔が平均化されるが、あえて筑後船小屋駅で行っている。これは、国鉄から連綿と続く「待避線はすべて使用する」という伝統があるからである。運行上ほとんど必要なくても、最低1日1回は待避線とポイントを使用することで、サビつきを防いでいるのである。

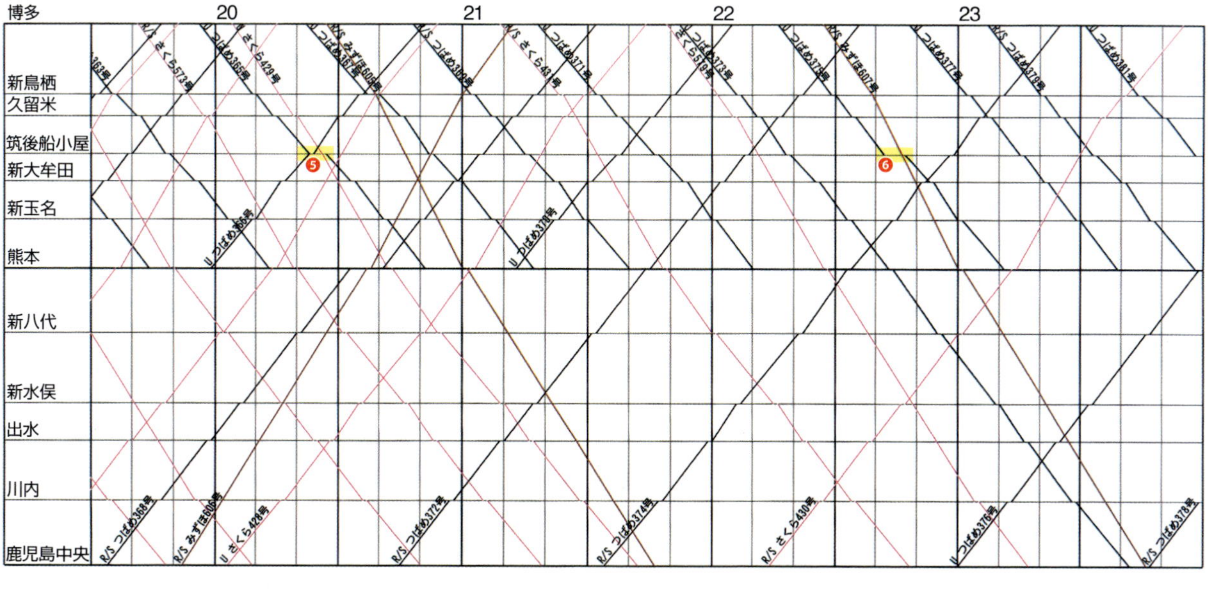

山陽新幹線（新大阪）

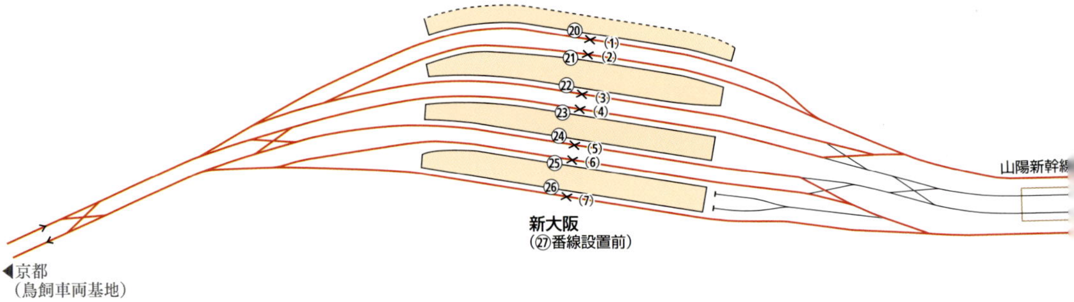

駅改良前の新大阪駅を東京寄りから見る。右端に 27 番線用の片面ホームが設置される

27 番線用片面ホームの設置工事状況

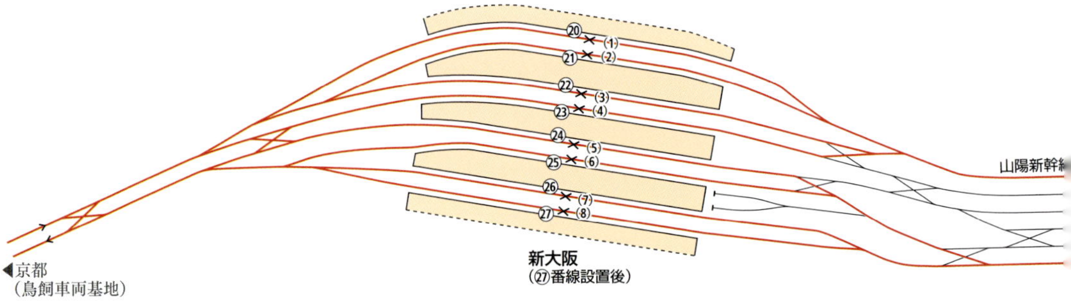

新大阪［しんおおさか］

ＪＲ東海とＪＲ西日本の境界駅。発着線は 20 番線から 26 番線までの計 7 線ある。開業時には 21 番線から 23 番線までの 3 線のみであったが、その後、24 ～ 26 番線が順次増設。さらに、山陽新幹線開業後には片面ホームの 20 番線も増設されている。20 番線と現在増設工事中の 27 番線（配線図参照）は、当初は回送線もしくは新大阪駅を通過する夜行列車用として計画されたものである。このためホームの設置準備はなかった。

また、27 番線のホーム用地は東海道新幹線が開業する前から阪急電鉄が所有していた。同社は京都線の十三《じゅうそう》駅と神戸線の神崎川《かんざきがわ》駅から新大阪駅を経由して、京都線の淡路《あわじ》駅を結ぶ新線を計画していた。阪急新大阪駅は島式ホーム 2 面 4 線として計画されており、さらに十三駅と神崎川駅に向かうための複々線用地も確保していた。

だが、その後計画は変更され「新大阪連絡線」として十三—新大阪間のみが建設されることとなり、阪急新大阪駅も計画が縮小され、1 面 2 線の島式ホームとなった。そのため、余剰となった新幹線ホーム寄りの用地はＪＲ東海に譲渡され、新幹線ホームに転用されることとなった。現在、阪急新大阪駅予定地に建設中の新大阪阪急ビルには、新大阪駅北口が新設されることになっている。

20 番線は山陽新幹線の新大阪折返電車専用のホームと

配線図作成・写真・文＝川島令三　注：本書の配線図では基本的に新大阪寄りが左、鹿児島中央寄りが右になっていますすでに下図のとおりシーサスポイントになっている。

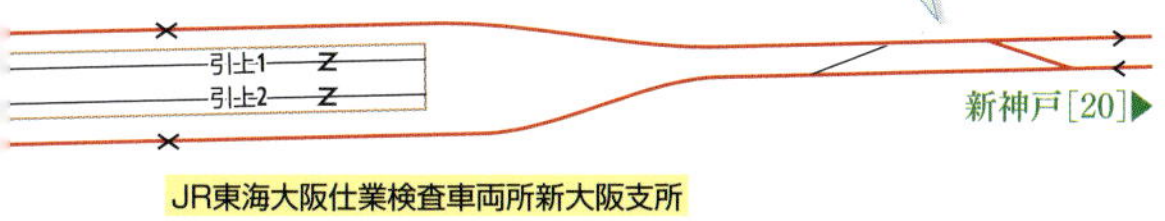

駅改良前の新大阪駅を博多寄りから見る

引上3、4番線と上り本線の移設工事中

阪急宝塚線が下を交差し、宮原回送線（北方貨物線と兼用）が新幹線と並行している。宝塚線との交差地点にあった順方向（進行方向から転線できる渡り線）のポイントは、現在シーサスポイントに変更され、その奥にあった逆方向（逆行して転線する）の渡り線は撤去された。

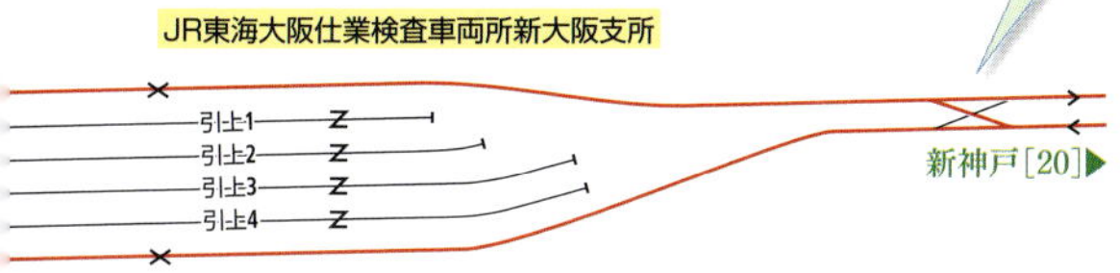

して使用されているため、新大阪終着の上り電車は引上線が途切れる手前にある渡り線で下り線に転線する。このとき、渡り線を通過してから駅に入るまで下り線を逆走することになるので、交差支障が発生する。つまり、20番線に到着する新大阪止まりの列車がある場合、この列車が渡り線を過ぎてからホームに入線するまでの間、21～23番線の下り電車は新大阪駅を出発することができない。それを考慮したダイヤが作られている。

博多寄りにある引上線は2線から4線に増設される。現在の引上1番線は0系や100系より編成の全長がやや長い700系、N700系がぎりぎり入る長さしかない。そのため、増設される引上線は現在よりやや長くなる。さらに、引上2番線は増設の引上3、4番線との分岐のためのシーサスポイントが入るため、さらに西に伸びる。このため博多寄りにあった順・逆2つの渡り線はシーサスポイント1組にまとめられた。

新大阪駅の交差支障は東京寄りの東海道新幹線区間でも起こるが、山陽新幹線に直通する列車が多いため、その発生頻度は低くなっている。さらに23、24番線での折返電車による交差支障をなくすために両線の間にもシーサスポイントが設置されている。このため、20～22番線に東京寄りから進入電車があっても、23番線の電車が東京駅へ向け出発することが可能となっている。

なお、すべての発着線は東京・博多両方面への発着が可能で、発着番線のほか部内呼称(職務で用いられる呼び名)として、南側から1番線とする線路番号もふられている。その番号を配線図に(　)で記載した。

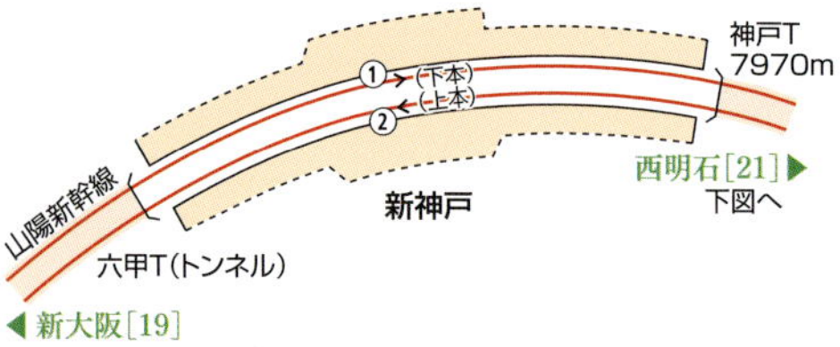

新神戸駅を新大阪寄りの跨線橋から見る。相対式ホームでカーブしている

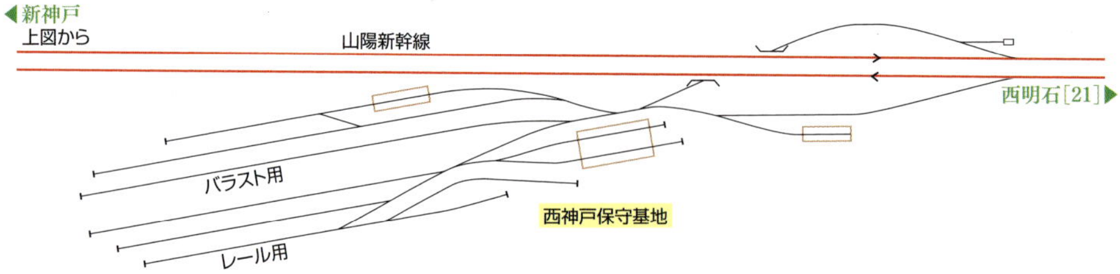

西神戸保守基地。新幹線単独の保守基地で、在来線と接していない。左が新幹線本線、奥が博多方向。新神戸駅から連続する大小トンネルの博多寄りにある、長坂トンネルを出た北側に位置している

新神戸［しんこうべ］

六甲トンネルと神戸トンネルの間の狭い空間に設置されている。山陽新幹線は、困難な用地買収が想定された神戸市街地への乗り入れを避けるため、市街地北側の六甲山を貫通するルートが選定された。その結果、山ぎわの布引《ぬのびき》地区に新神戸駅が設置されることになった。だが、谷あいにあるため充分な用地を確保することができず、停車線のほかに通過線が設置される通常の新幹線駅構造を採ることができなかった。そのため、同駅は単純な相対式ホーム２面２線となっている。営業キロは東海道・山陽線の神戸駅と同一にしている。なお、駅の北側真下付近には、神戸市民に親しまれている天然プールがある。

駅の真下は六甲山名物の天然プールになっており、子どもたちが水遊びや釣りをしている

新神戸駅は半径3000mのカーブ上にあるが、前後がトンネルなので緩和曲線が充分にとれず、大きなカントをつけられなかった。そのため、同駅の通過列車の制限速度は220km/hに設定されているが、現在は全列車が停車するので、この制限速度は意味をなさなくなっている。

西神戸保守基地［にしこうべほしゅきち］

長坂トンネルを抜けた本線線路の北側にある保守基地。バラスト積載線とレール積載線がある。

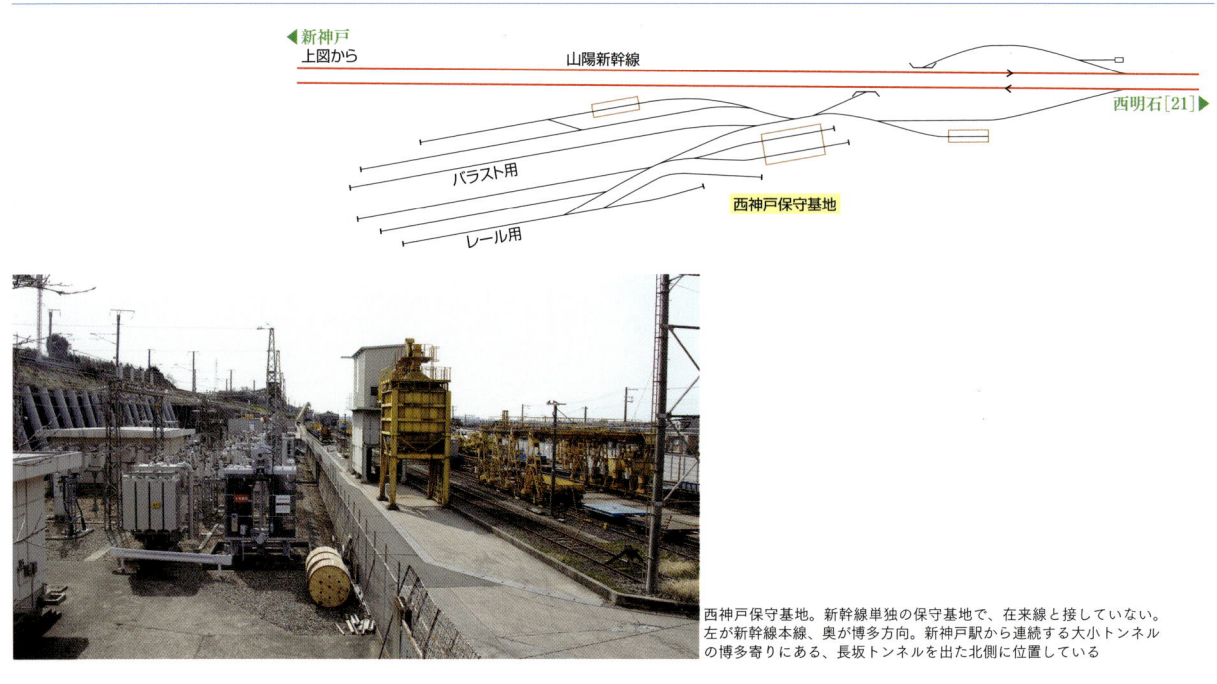

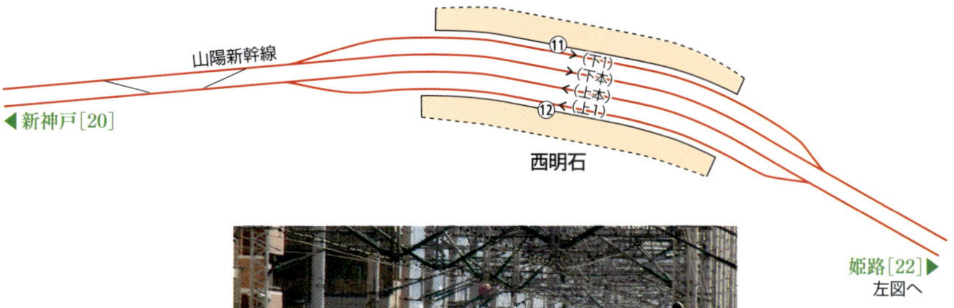

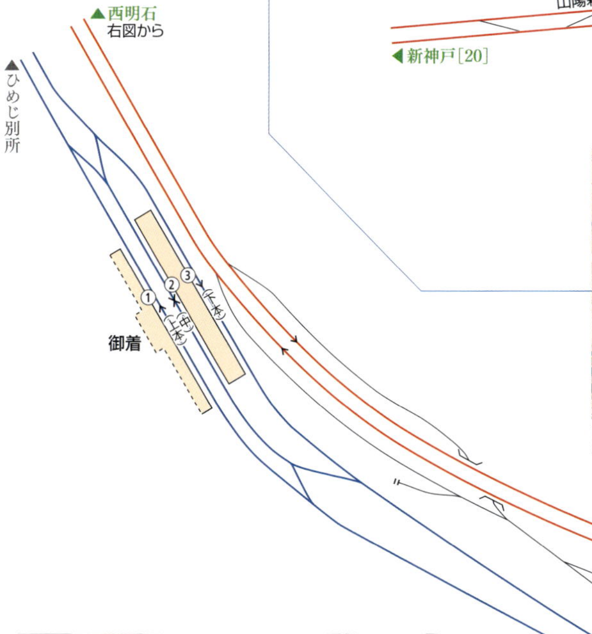

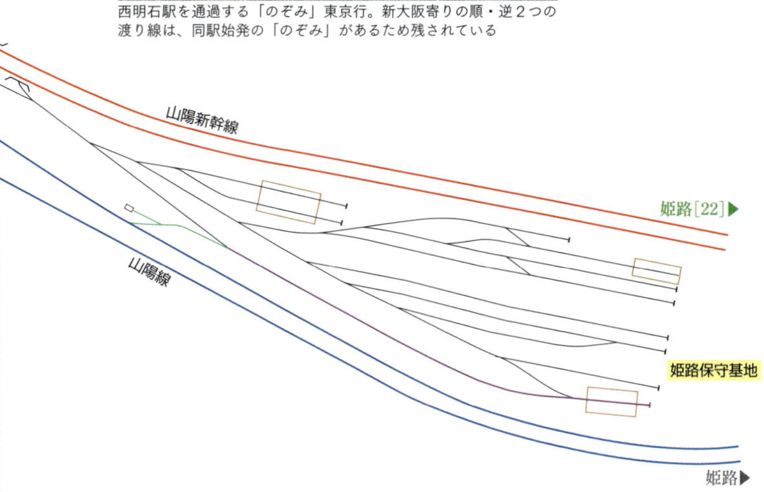

西明石駅を通過する「のぞみ」東京行。新大阪寄りの順・逆２つの渡り線は、同駅始発の「のぞみ」があるため残されている

保守基地への出入線は、高架の新幹線本線から地平に降りる。そこに２つの踏切が設置されている

西明石 [にしあかし]

西明石駅にはかつて、駅の前後に順・逆２組の渡り線が設置されていた。これは、山陽新幹線開業当時「夜行新幹線」の計画があったためである。計画では東京―博多間の複線のうち、夜行の運転に片方の線路を使用し、もう片方の線路で線路保守を行うことにしていた。また、単線運転による上下の列車の行き違いは西明石、姫路、相生《あいおい》の３駅で行うことになっていた。そのため、西明石駅では、上下２列車が同時に行き違いできるよう、前後に順・逆２組の渡り線が設置されたのである。だが、その後、夜行の運転計画が立ち消えとなり、博多寄りの２つの渡り線が撤去された。

なお、山陽新幹線では脱線のリスクを軽減するため、基本的にシーサスポイントの設置を避け、多くの駅で順・逆２つの渡り線を設置するのを基本としている。

姫路保守基地 [ひめじほしゅきち]

姫路保守基地には山陽線御着《ごちゃく》駅から狭軌線が乗り入れており、レール積載線の１線は３線軌になっている。東海道新幹線とは異なり、現在でも狭軌のロングレール積載貨物列車が基地に乗り入れている。

高架の山陽新幹線本線から分岐して地平の保守基地へつながる出入線があり、その出入線が地平に降りたところに踏切が２ヵ所ある。本線上ではないものの、山陽新幹線区間では唯一の踏切である。

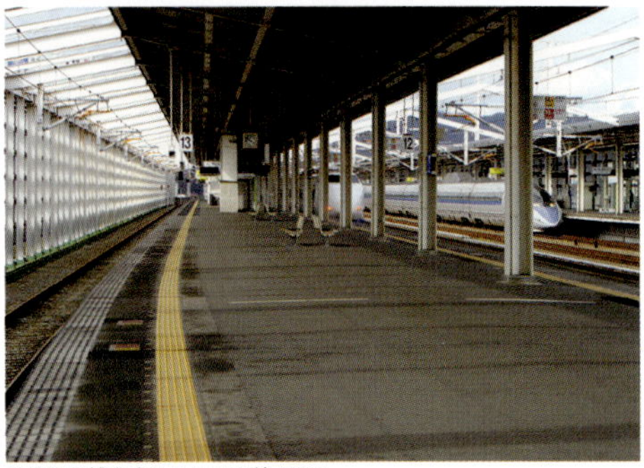

姫路駅の博多方面には下２線がある

姫路駅上りホームの博多寄り端から博多寄りを見る

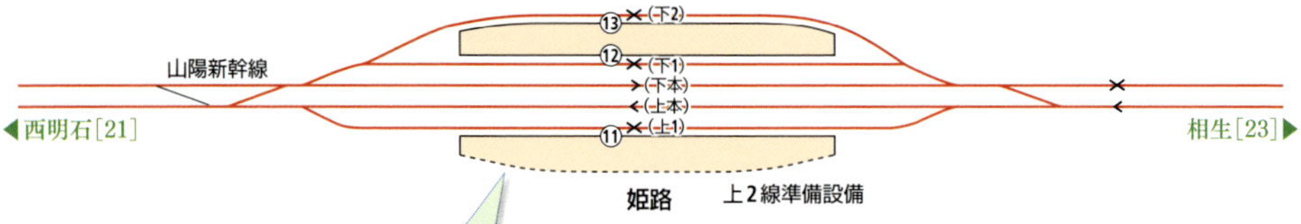

上２線の準備設備がある。

姫路駅からは６時０分発の上り「のぞみ」102 号のほかに、６時 29 分発の下り「こだま」729 号、７時 15 分発の下り「こだま」733 号が始発として発車するが、上り「のぞみ」102 号は前日 12 番線に到着する下り「のぞみ」125 号が滞泊後に折り返すことから、本来は下り線である 12 番線から発車する。一方、下り「こだま」729 号は前日下り「ひかり」487 号として、13 番線に到着。滞泊した後、翌朝そのまま本来は下り線である 13 番線から東京に向けて発車していく。下り「こだま」733 号は岡山から回送列車として 13 番線に到着。そのまま折り返していく。

姫路駅を出発する 500 系「こだま」。順・逆２つの渡り線はそのまま残されている

姫路 [ひめじ]

停車線と通過線のほかに 13 番線(下２線)が設置されている。さらに、上２線が設置できるように準備されている。これは、山陽新幹線に夜行列車が想定されていたためで、上下３列車の行き違いを可能とするためのものである。

12 番線(下１線)、13 番線(下２線)、11 番線(上１線)は新大阪・博多両方面への出発が可能。これを利用して岡山方面からの「こだま」を姫路折り返しとして、姫路駅、西明石駅、新神戸駅停車の「ひかり」に接続させた時期もあった。だが、「こだま」は 13 番線で折り返し、上り「ひかり」が 11 番線発となっていたために、乗り換え時に階段の登り降りをしなくてはならず、乗客からは不評で、取りやめとなった。

相生駅の新大阪寄りを見る

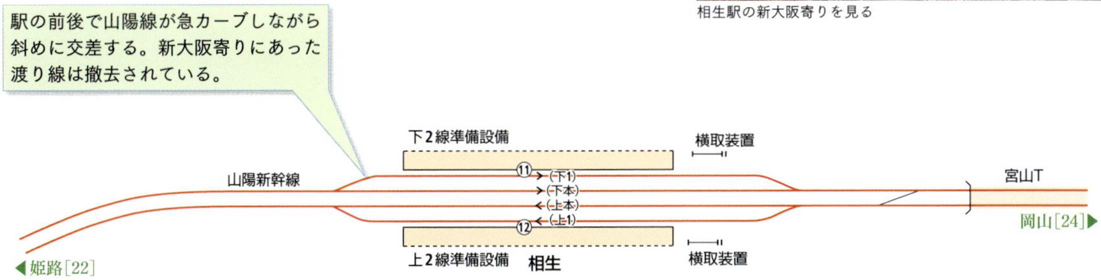

「東横イン相生駅新幹線口」から相生駅を見下ろす。在来線が手前にある。在来線の１番ホームは、上郡・播州赤穂寄りにある不使用部分を入れると、新幹線ホームよりも長い

相生［あいおい］

西明石駅と同様、夜行新幹線の行き違い用の駅として設置された。姫路駅と同様、上下線とも２番線を設置して島式ホーム２面６線にする準備がなされている。すべて完成すれば、西明石駅で上下２本の列車、姫路駅と相生駅で上下３本の列車と、合わせて上下８本の列車の行き違いが可能である。

夜行新幹線構想では、2011年に開業した九州新幹線鹿児島ルートのほか、計画されている九州新幹線長崎ルート(現・西九州ルート)、東九州新幹線、山陰新幹線、中四国横断新幹線の各路線の開業後、東京から鹿児島、長崎、宮崎、松江、四国の５方面に各１、２本の夜行が設定されると想定されていた。そのため、相生、姫路、西明石の各駅で合わせて８本の列車の行き違いができるように準備されていた。しかし、夜行運転の可能性はなくなったため、相生駅では博多寄りにある逆渡り線だけが非常用として残され、あとはすべて撤去されている。

岡山駅の新大阪寄りを見る。駅構内は大きくカーブしている。
新大阪寄りの直線区間に順・逆２つの渡り線がある

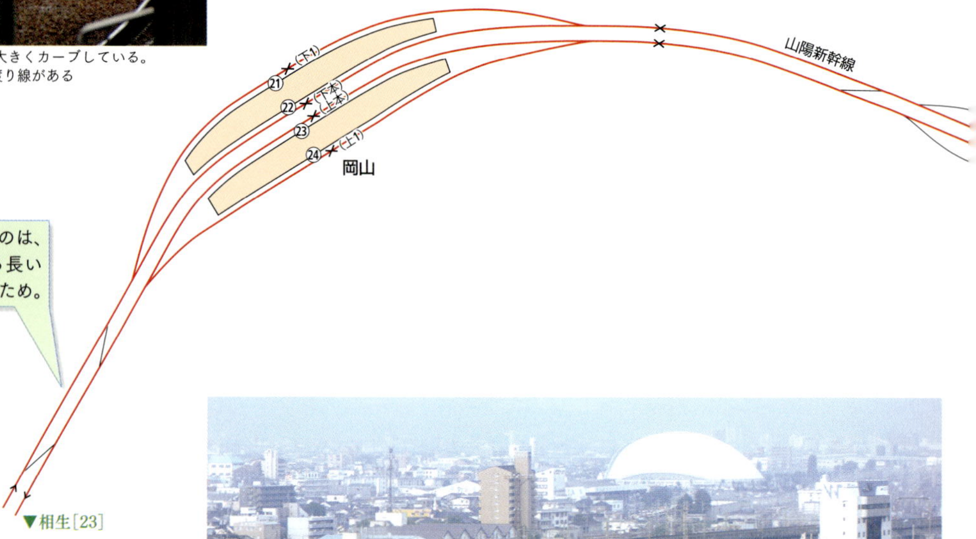

２つの渡り線が離れているのは、この下に国道 180 号が通る長い架道橋があり、これを避けたため。

博多寄りもカーブしている。下を交差しているのは宇野線。「サンライズ瀬戸」が四国の高松駅に向かって走っている。中央は山陽線留置線で特急「スーパーいなば」が停車中

岡山［おかやま］

通過線がない島式ホーム２面４線で、内側２線が本線、外側２線が副本線になっている。駅構内から博多方向には半径 1000m の右カーブが３ヵ所連続している。さらに、新大阪寄りの旭川《あさひがわ》橋梁から岡山駅に向かう約１km の区間も、半径 1000m の右カーブがある。

市街地にある岡山駅へ乗り入れるため、カーブが連続する線形にせざるを得なかったが、同駅は当初から全列車停車を前提にしているため、規格外のカーブがあっても問題はない。

新大阪寄りにある順方向と逆方向の２つの渡り線はかなり離れている。これは、岡山駅から新大阪方向に進むとほどなくして国道 180 号をオーバークロスするが、この区間の架道橋の径間（２本の橋脚間の距離）が長く、重量が大きくなるポイントの設置ができないためである。

また、駅構内の新大阪寄りには半径 1000m のカーブがあり、本線と副本線が分岐するポイントは、駅から少し離れた直線区間に設置されている。これは新幹線のポイントはカーブ上を避けて設置することを基本にしているためである。

ホーム中央部ではやや直線になるが、新大阪寄り、博多寄りのホームはいずれもカーブしている。博多寄りはしばらくカーブ区間が続くが、直線になったところに逆方向の

ＪＲ西日本博多総合車両所岡山支所。車両基地には 14 本の電留線と２本の検修線がある

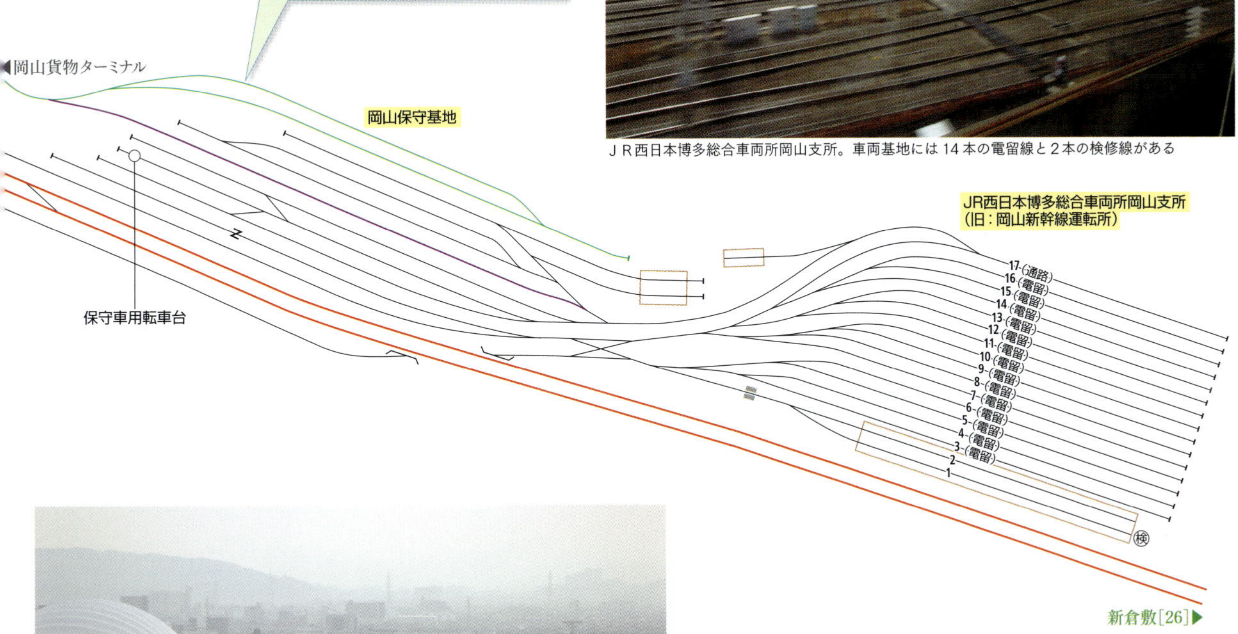

岡山貨物ターミナルから狭軌線が乗り入れており、狭軌の車両でレールを搬入する。３線軌のところで標準軌の運搬貨車に積み替える。

左側に岡山駅、右側に博多総合車両所岡山支所がある。走っている新幹線は 700 系「のぞみ」。下には山陽線が見える。「のぞみ」の右端付近に渡り線や車両基地の分岐線がある

渡り線がある。さらに、その先からは岡山電留線への入出庫線への線路が分岐し、その先に順方向の渡り線も設置されている。

岡山駅のすべての発着線は新大阪・博多の両方面への出発が可能だが、博多寄りの２つの渡り線の位置は岡山駅から約３km も離れた位置にある。そのため、21 番線から発着する博多方面からの折返電車は、岡山駅から３km 手前の渡り線から下り線に入ることになり、この区間では反行(逆走)することになる。また、ほとんど設定はないものの、23、24 番線から博多方面への折返電車も上り線を反行する。

JR西日本博多総合車両所岡山支所

[じぇいあーるにしにほんはかたそうごうしゃりょうしょおかやまししょ]

ＪＲ西日本博多総合車両所岡山支所は検修線２線と電留線 14 線からなる。また、17 番通路線からはスイッチバックで岡山保守基地に入れるようになっている。

岡山保守基地は、在来線の岡山車両基地の留置線と隣接している。この留置線は旧岡山操車場の貨物ヤードを転用したもので、岡山保守基地と在来線は狭軌線路で結ばれている。保守基地内で３線に分かれ１線は着発線、１線は機回線、１線は在来線からのレール積載貨物列車を入線するため３線軌になっている。

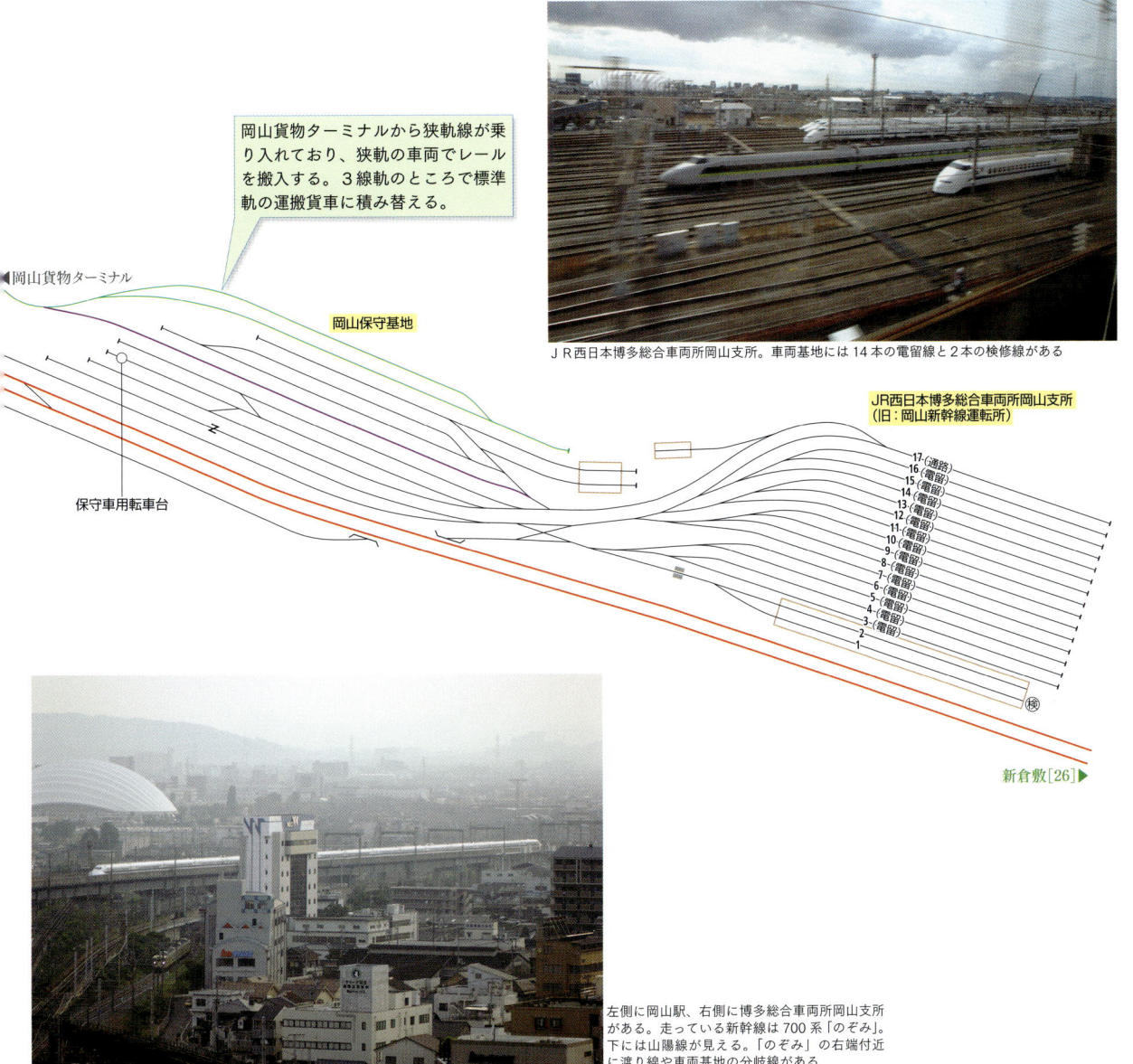

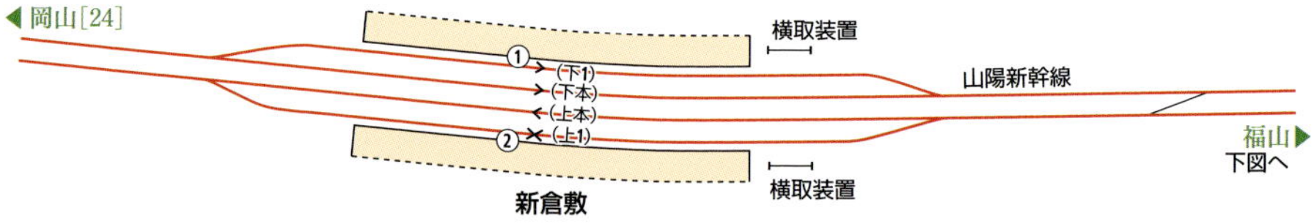

新倉敷駅を通過する「さくら」鹿児島中央行

福山駅を出発した「のぞみ」博多行。福山駅では博多寄りだけに順・逆２つの渡り線がある

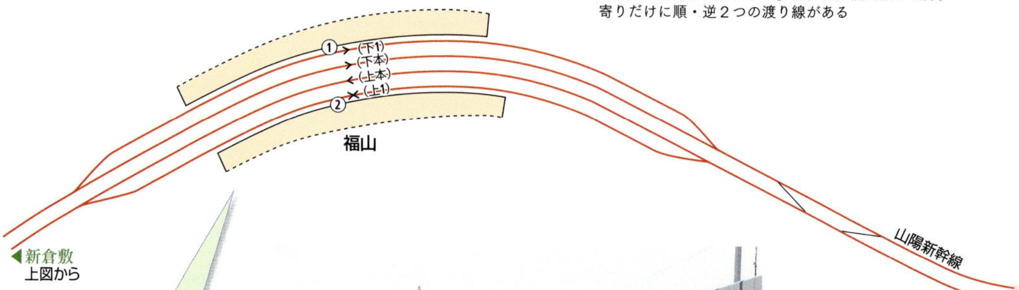

福山駅始発の上り「こだま」720号は、前日の博多発福山行の上り「こだま」770号として到着した列車だが、770号が上り終着、720号が上り始発になるため、そのまま２番線で滞泊する。

福山駅は新幹線と在来線で２重高架になっているが、福塩線は新幹線駅の北側のはみ出したところにある。福山城の城壁上から撮影

新倉敷 [しんくらしき]

博多に向かって半径１万ｍの左カーブ上に設置された駅。これほどゆるいカーブでも、ホームから眺めると曲がっていることがわかる。

並行する山陽線の倉敷駅は倉敷市の中心にあり、高梁川《たかはしがわ》をへだてて約９km離れている。通過線と停車線がある山陽新幹線の標準的駅構造で、博多寄りに順・逆２つの渡り線があったが、駅寄りにあった順方向の渡り線は撤去された。

福山 [ふくやま]

福山駅は博多に向かってやむをえない場合に設置が可能な半径3500mの右カーブ上にある。開業当初からカント量は180mmと大きく設定されていた。N700系は山陽新幹線区間で最高速度300km/hで走行するが、福山駅では275km/hに減速する。下りの場合、福山駅の手前で275信号(275km/hでの走行を指示する車内信号)を受け、同駅通過時の速度は275km/hに減速。駅を通過するときに300信号を受けて300km/hに加速する。半径3500mのカーブでカント量180mmのときの許容速度はちょうど300km/h(300km/h走行を可能にするには許容速度は305km/h以上が必要)であるため、すぐに加速しても問題はない。

博多寄りではホームが途切れても半径3500mのカーブ

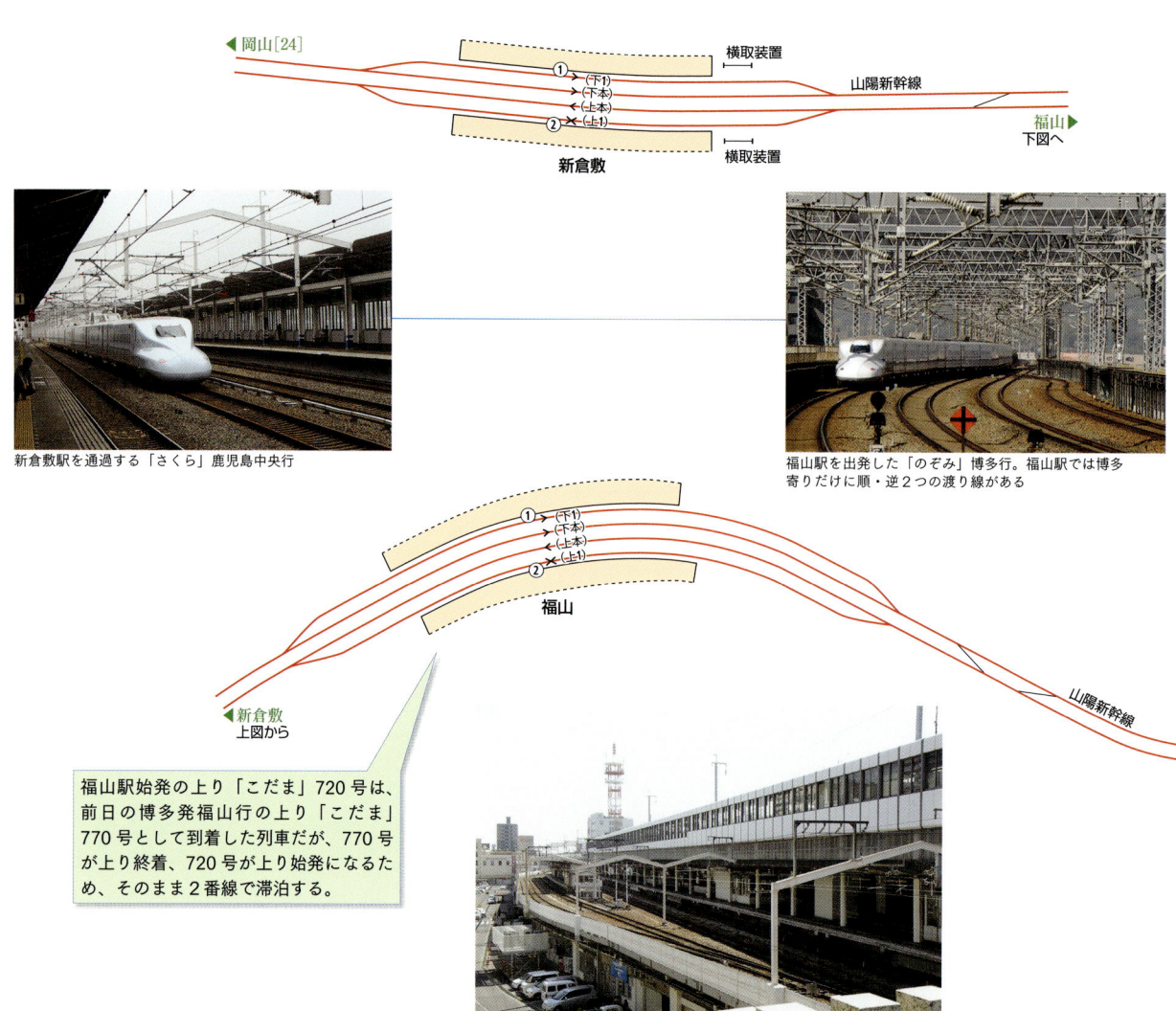

山陽線から見た福山保守基地への狭軌線部。レール運搬貨車を牽引してきた電気機関車が右に停車している。奥に新幹線があり、保守基地への出入線が本線から分かれて地上に降りている

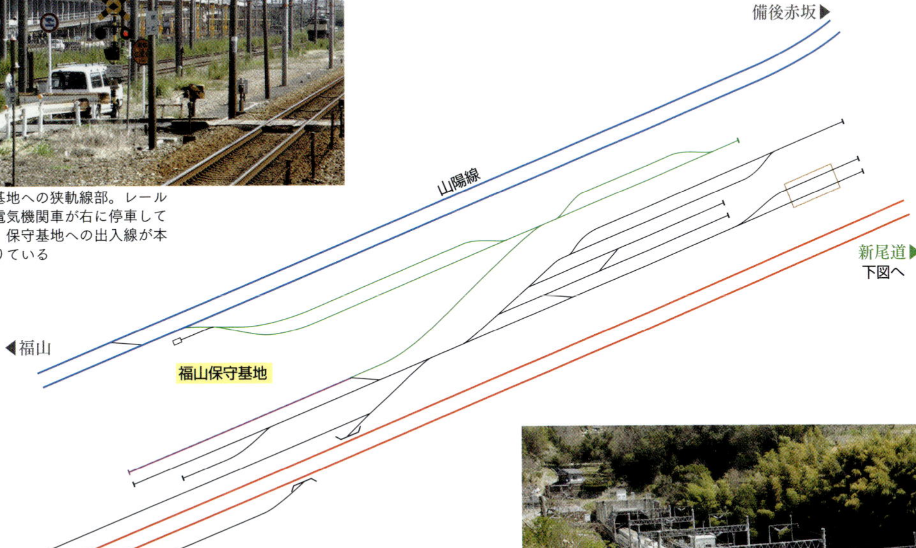

新尾道駅から新大阪寄りを見る。尾道トンネルの博多寄りに駅はある

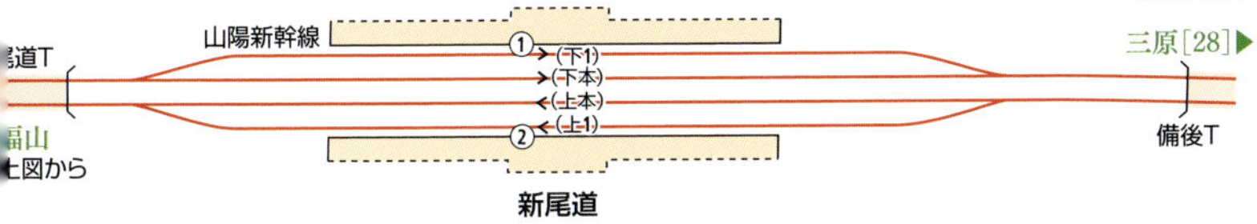

がしばらく続く。このため副本線と本線の合流はカーブが終了する300mほど先にあり、その先には順・逆2つの渡り線がある。そして芦田川《あしだがわ》を渡る手前で再び博多に向かって半径3500mの左カーブがある。N 700系が300km/hの速度に達するのは、このカーブの博多寄りである。

新幹線ホームは山陽線ホームの真上にあり、地上のコンコースからは在来線ホームと新幹線ホームの両方への階段、エスカレーターが設置されている。階段のほうは途中で在来線につながっているが、中間改札を設置するスペースがないため、柵で囲い通行不可にしている。コンコースは新幹線用と在来線用に分かれているが、外につながる改札口は在来線側にしかなく、新幹線に乗るためにはまず在来線の改札口を通ってから、新幹線連絡改札口を通る必要がある。

福山保守基地[ふくやまほしゅきち]

芦田川橋梁の博多寄りにあり、やや離れた南側で並行する山陽線と新幹線本線とにはさまれた地平に設置されている。山陽線から分岐する狭軌線が乗り入れており、レール積載場には3線軌がある。

新尾道[しんおのみち]

尾道トンネルと備後《びんご》トンネルにはさまれた直線上にある。通過線と停車線からなる基本的な配線をしている。渡り線は設置されていない。営業キロは山陽線尾道駅と同一。

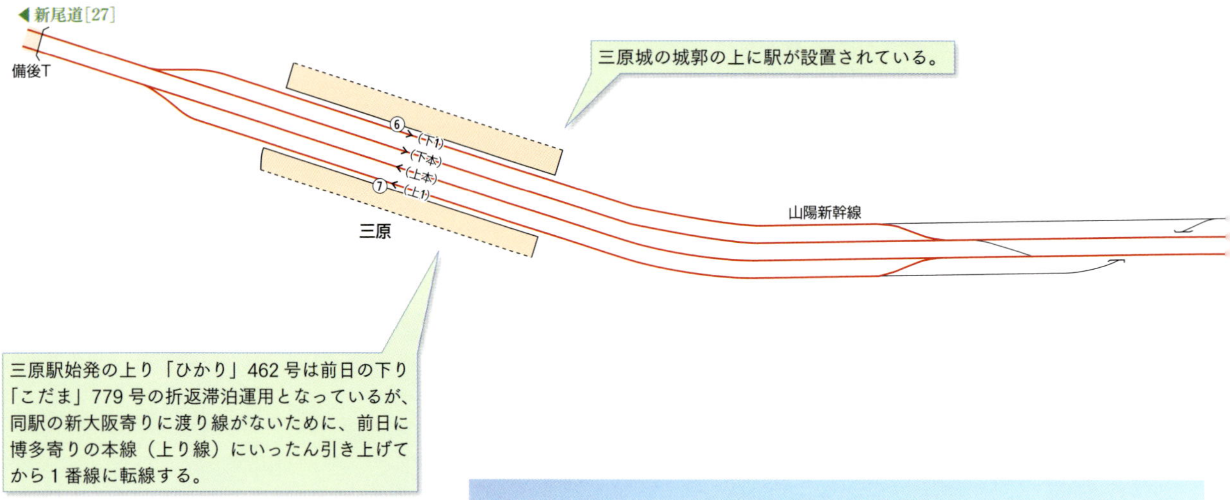
◀新尾道[27]
備後T
三原城の城郭の上に駅が設置されている。
⑥
(下1)
(下本)
(上本)
⑦
(上1)
三原
山陽新幹線
三原駅始発の上り「ひかり」462号は前日の下り「こだま」779号の折返滞泊運用となっているが、同駅の新大阪寄りに渡り線がないために、前日に博多寄りの本線(上り線)にいったん引き上げてから1番線に転線する。

三原駅の北口と三原城址公園はつながっている

三原駅を山側から見る。三原城の城郭の上に駅がある

三原 [みはら]

新大阪寄りに備後トンネルの坑口がある。新尾道駅の博多寄りに備後トンネルの反対側の坑口があるから、1つのトンネルの両側に新幹線駅があることになる。もっとも、備後トンネルは8901mと長く、両駅が近くにあるわけではない。

新幹線駅は在来線駅の北側に設置されている。北側には三原城跡があり、新幹線駅はその城郭の一部の上に覆いかぶさっている。新幹線コンコースからも、むき出しになった城郭を見ることができる。

新幹線ホームが途切れた先の博多寄りには半径4500mの左カーブがある。並行する山陽線にもほぼ同じ位置に半径600mの左カーブがあって、新幹線と在来線はその先でやや間を空けて並行する。その間には三原保守基地がある。保守基地の出入線は、カーブ区間が終わってから上下本線から分岐する。本線と副本線との合流は渡り線状となっており、副本線からまっすぐ進むと保守基地の出入線にそのままつながる構造になっている。

その先には順方向の上下渡り線がある。以前はさらにその先に逆方向の渡り線があったが、こちらは撤去されている。

三原駅の博多寄り。停車線と通過線が合流する前に、保守基地への出入線が分岐する

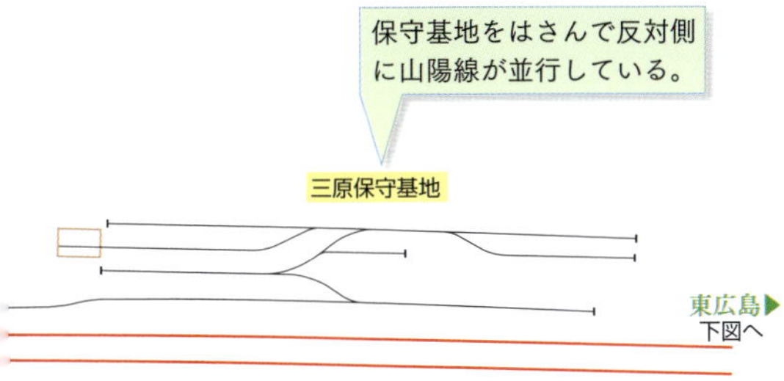

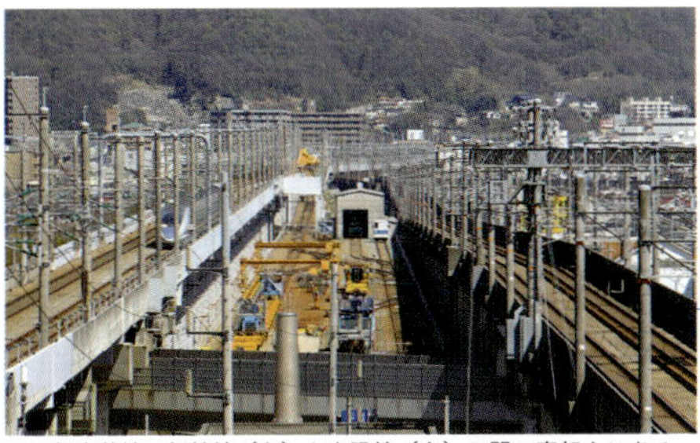
三原保守基地。新幹線（左）と山陽線（右）の間の高架上にある

東広島駅。通過線と停車線があるが、渡り線はない

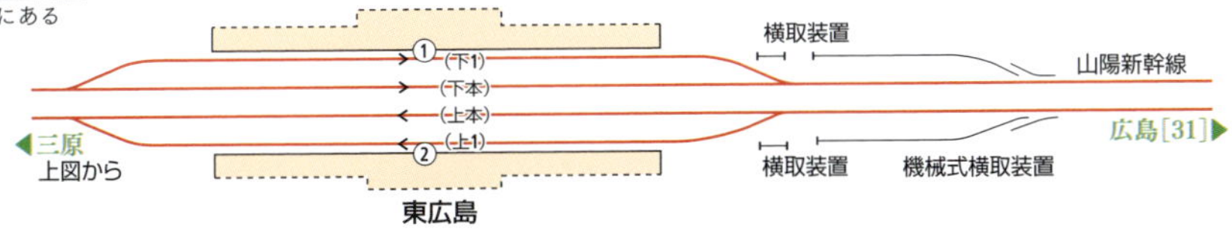

駅の南にある「東横イン東広島駅前」からパノラマカメラで写す。駅とはだいぶ離れた北側に西条の市街地が広がっている

東広島［ひがしひろしま］

新尾道駅と同様、山陽新幹線開業後に設置された駅で、上下渡り線はない。しかし、博多寄りの上下線の外側に機械式横取装置がある。営業キロは山陽線西条駅と同一にしている。

保守車両が保守基地から作業現場へ向かって作業するが、保守基地から遠い場合、往復の移動に時間がかかる。そのために事前事後に保守車両を留置するのが横取装置である。

在来線では、横取装置と本線との間には基本的に乗上ポイントを設置するが、高速運転を行う新幹線に設置すると脱線の危険性が生じる。これに代わるのが機械式横取装置である。また、取り外しができる本線線路と垂直の横取レールを設置して本線と横取装置との行き来を可能とする固定式横取装置もあるが、これは横取レールの設置作業が面倒である。そのため、新幹線には機械式横取装置（右の写真参照）を設置することが多く、東広島駅もこちらに該当する。

機械式横取装置は写真の横取装置の手前側にあるもので、これが本線線路に移動して覆いかぶさる形で横取装置からのレールが本線レールとつながる仕組み。保守を行わないときは写真のように本線線路の脇に移動させ、本線電車が高速走行しても影響がないようにしている。

機械式横取装置

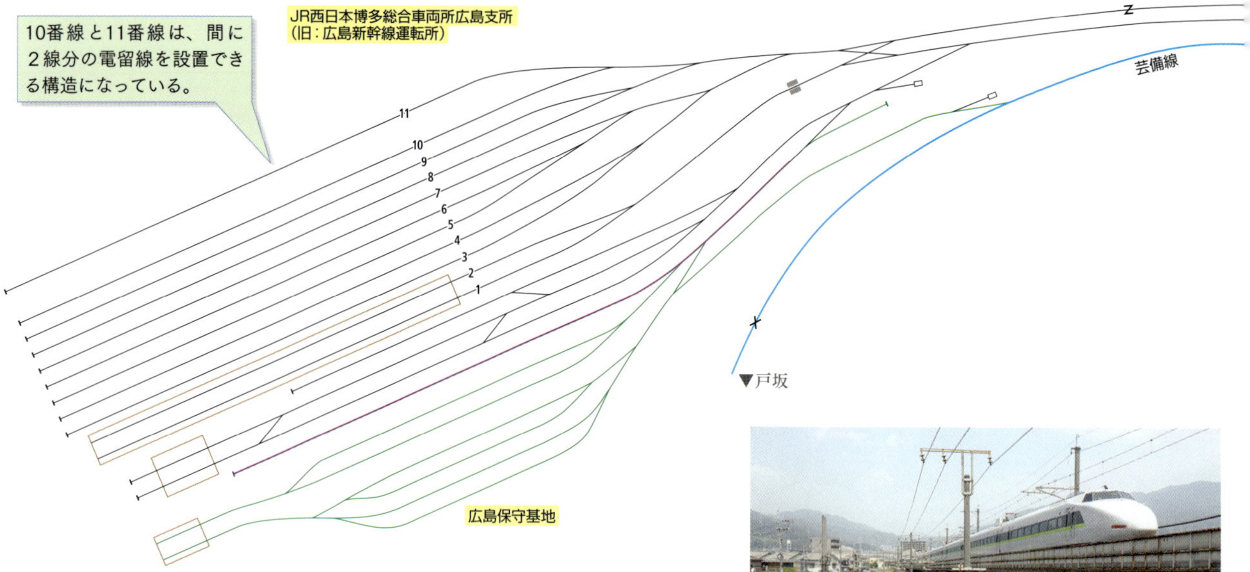

芸備線矢賀駅の跨線橋から見る。矢賀駅では上下線が行き違い、入出庫線では100系電車が奥の電留線に入線中

ＪＲ西日本博多総合車両所広島支所（広島電留線）。新幹線電車から電留線（写真奥）への単線の入出庫線を見る。右の地平にある線路は芸備線

JR西日本博多総合車両所広島支所
［じぇいあーるにしにほんはかたそうごうしゃりょうしょひろしまししょ］

通称「広島電留線」。本線から離れた芸備線矢賀駅の北側に、保守基地と併設されている。1、2番線が検修線、3～10番線が電留線、11番線が試運転線で矢賀寄りに引上線がある。

保守基地には芸備線矢賀駅から分岐する狭軌線が乗り入れており、レール積載場には3線軌がある。

入出庫線は保守車両出入線と共用。単線で南側に伸び、本線上下線の間に割り込んで上下線と接続している。本線はこの接続付近に半径500mの急カーブがあるが、広島駅は全列車が停車するので問題にはならない。

広島［ひろしま］

通過線がない島式ホーム2面4線で、外側が本線、内側が副本線となっている。新大阪寄りに設置されたシーサスポイントは、本線と副本線が分岐した後の副本線側にある。新大阪、博多の両方向からの折返電車は基本的に内側の12、13番線で折り返すが、広島電留線へ入庫する電車は外側の11、14番線で折り返しが可能になっている。基本的には広島駅始発、終着含めて博多方面の電車は11、12番線、新大阪方面の電車は13、14番線で発着する。

博多寄りで本線と副本線が合流、その先で半径800mの右カーブ、次いで半径900mの左カーブが続く。このため博多寄りの順・逆2つの渡り線は左カーブから直線になっ

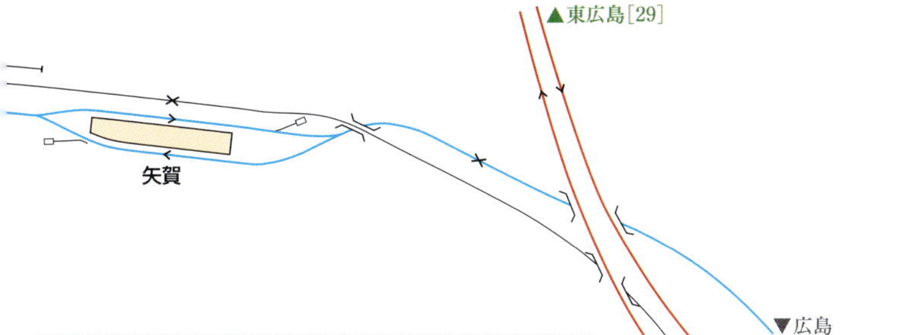
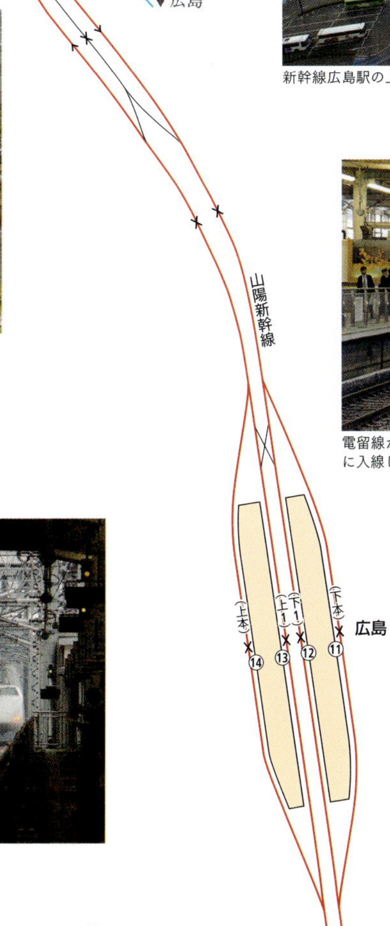

新幹線広島駅の上は駐車場になっている

広島電留線を横切る跨線橋から広島寄りを見る。右が芸備線で、そこから狭軌線が分かれ、保守基地へ延びていく。また３線軌になっている線路がある

電留線から本線に入って上り線を逆行し、広島駅の 13 番線に入線しようとしている広島発東京行「のぞみ」

広島駅の下り 11 番線から逆行して電留線に向かう、100 系「こだま」の回送

たところに設置されている。距離にしてホームから約1.5km、旧太田川《おおたがわ》橋梁を通る手前に位置している。

さらに、旧太田川橋梁の先では半径 900m と半径 2000m の左カーブが続く。同じく半径 2000m のカーブがある己《こ》斐《い》トンネル坑口の前後からはゆるやかな半径１万 m の右カーブになる。その先は新岩国を過ぎるまで山陽新幹線の規格外となる半径 3500 m以下の急カーブはない。カーブがあっても半径 5000m 以上であり、その半径 5000m 以上も１ヵ所だけなので、300km/h 運転をしても強い遠心力はまったく発生しない。

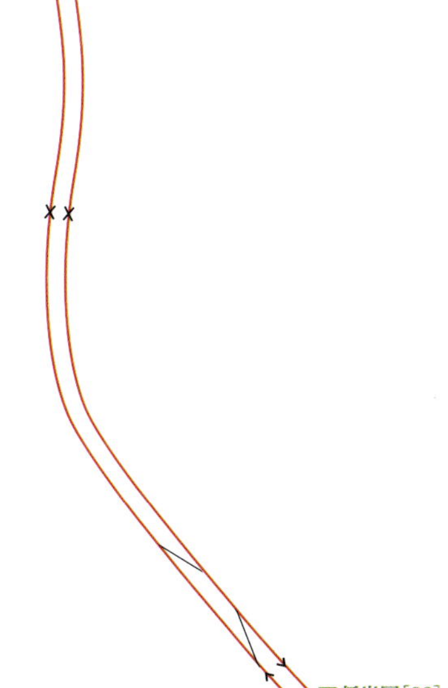

新岩国駅を通過する「みずほ」新大阪行。新大阪寄りに順方向の渡り線がある

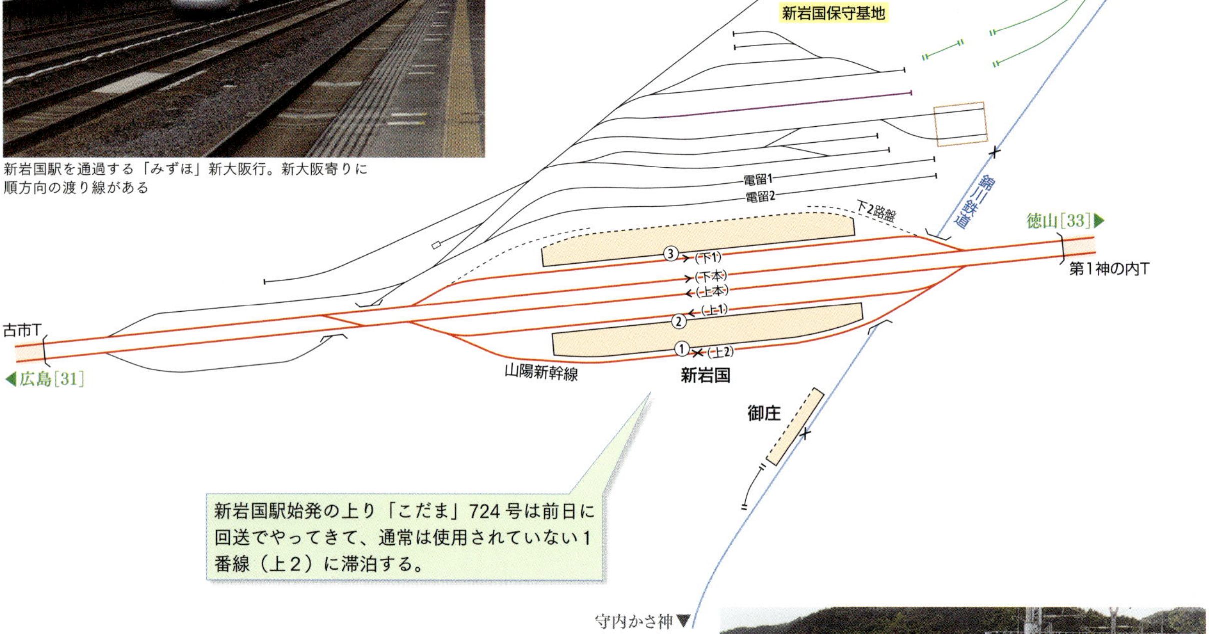

新岩国駅の下りホームから博多寄りを見る。下2線の設置準備があり、地上の新岩国保守基地には2線の電留線が設置されている。その隣は保守基地のままで、左側の曲がっている線路の向こうに錦川鉄道が通っている

新岩国［しんいわくに］

直線上にあり、古市《ふるいち》トンネルと第1神《かみ》の内《うち》トンネルの間、錦川《にしきがわ》の博多寄りにある。市街地や山陽線岩国駅は東方向に直線距離で約6km離れている。営業キロは岩国駅と同一。

博多寄りには錦川鉄道の御庄《みしょう》駅が隣接している。錦川鉄道は山陽新幹線の開業以前から国鉄分割民営化まで、国鉄の岩日《がんにち》線だったが、岩日線を国鉄から切り離す目論見があったので、御庄駅が新岩国駅の連絡駅とされたことはない。両駅間には連絡通路があるものの、職員通路と間違えそうなくらい貧相な通路である。

新岩国駅の新大阪寄りで保守基地への出入線が分岐する。保守基地へは岩日線から分岐した狭軌線が乗り入れていたが、現在は分断されている。だが、狭軌線と標準軌の3線軌の部分は、電留線設置を含む保守基地内配線が改良された現在も、撤去されずに残っている。

この新岩国保守基地には2線の電留線が完成している。九州新幹線と相互直通して車両数が増加したことにより増設されたものである。

駅は通過線と停車線のほかに、上2線が設置されている。さらに、下2線の増設のための路盤も準備されている。以前は、保守基地への出入線付近に順・逆2つの渡り線があったが、逆方向の渡り線は撤去された。

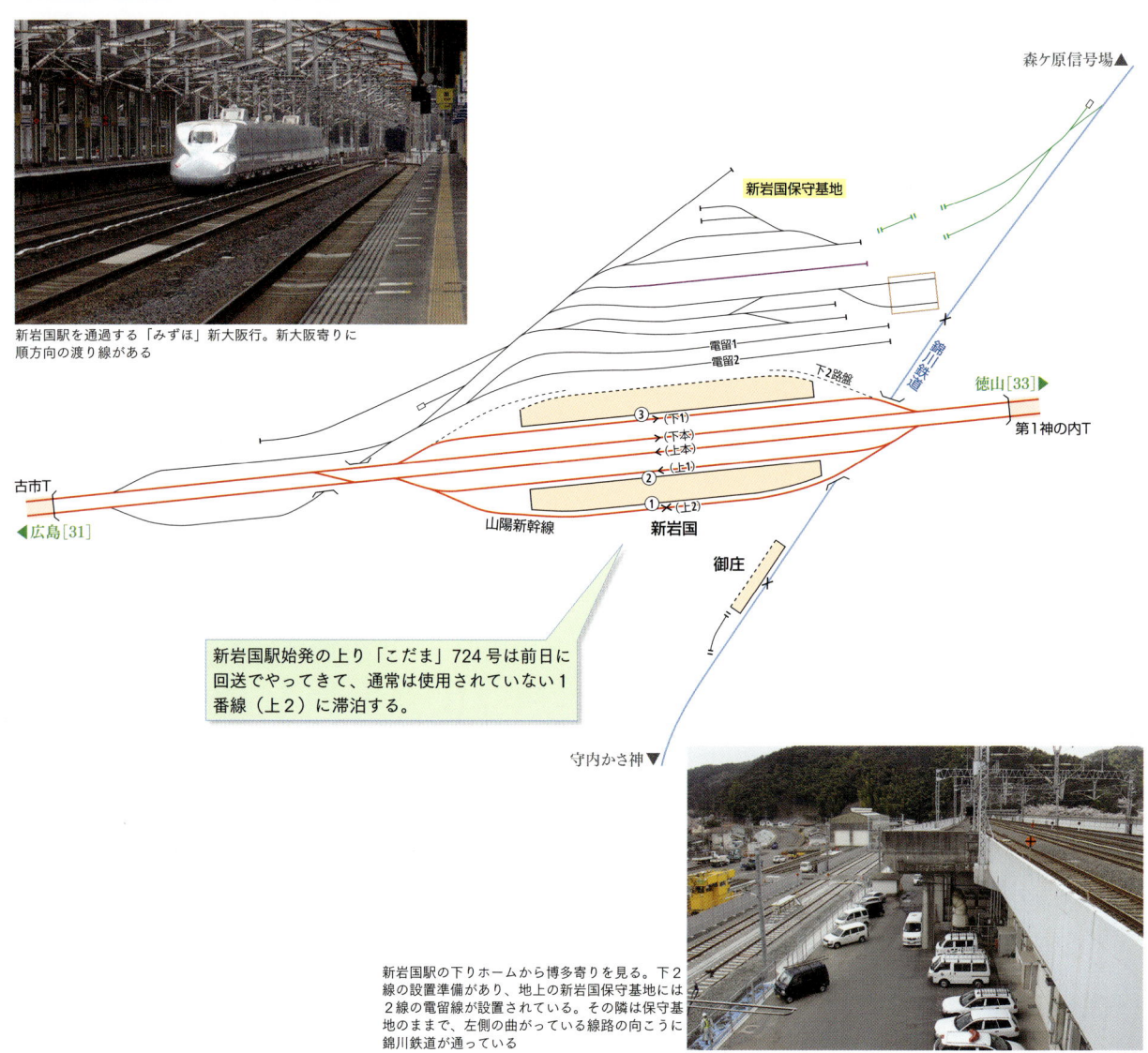

「東横イン徳山駅新幹線口」から写す。徳山駅は半径1600mの急カーブ上にある

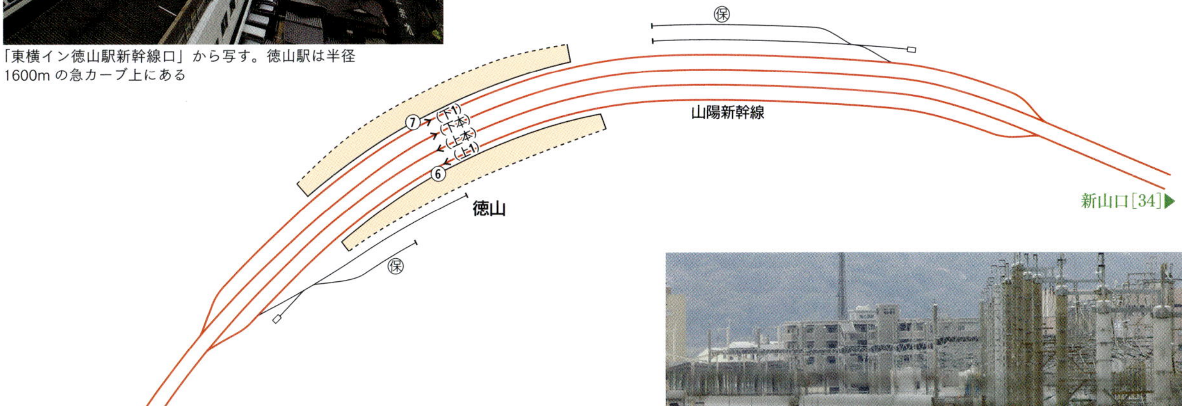

国道2号バイパス付近から徳山駅（左）を見る。新幹線は国道2号バイパスのところでトンネルに入る

徳山駅の博多寄りを見る。停車線から保守用側線が分岐、停車線と通過線の合流はさらに博多寄りの直線になったところにある

徳山［とくやま］

徳山駅の構内には新幹線規格外となる半径1600mの急カーブがあり、通過電車は170km/h(頭打ち速度)の速度制限を受ける。さらに、徳山駅の新大阪寄りと、市街地を抜けた博多寄りの第1桜谷《さくらだに》トンネル全区間と、隣の第2桜谷トンネルの約半分の区間に半径3500mのカーブが連続している。

山陽新幹線は山岳地帯をトンネルで抜ける区間が連続しているが、徳山では在来線との接続を考慮して山陽線徳山駅に新幹線駅を併設することにしたため、このような規格外の急カーブになってしまった。市街地北部を通過する弾丸列車計画予定ルート(特集参照。現在国道2号バイパスに転用)に山陽新幹線を敷設していれば、これほどの急カーブ区間は生じなかったが、在来線との連絡を重視し徳山駅に乗り入れた結果、このような線形とせざるを得なかった。

徳山駅通過列車は徳山駅のかなり手前から170km/hに速度を落とす。カーブを抜ける地点で275km/hまで加速、駅の前後にある半径3500mのカーブ付近からは高速運転が可能となるため、さらに300km/hに加速する。

新大阪寄りには上りホームの裏側まで伸びる保守用側線、博多寄りにはホームの先に保守用側線がある。博多寄りの保守線は下1線から分岐するが、その部分は直線になっている。半径1600mのカーブは続くので、上下の本線と副本線の合流ポイントはかなり先に設置されている。新大阪寄りにもカーブがあるため、順・逆の2つの渡り線はかなり離れた直線上に設置されていた。現在は順方向の渡り線は撤去されている。

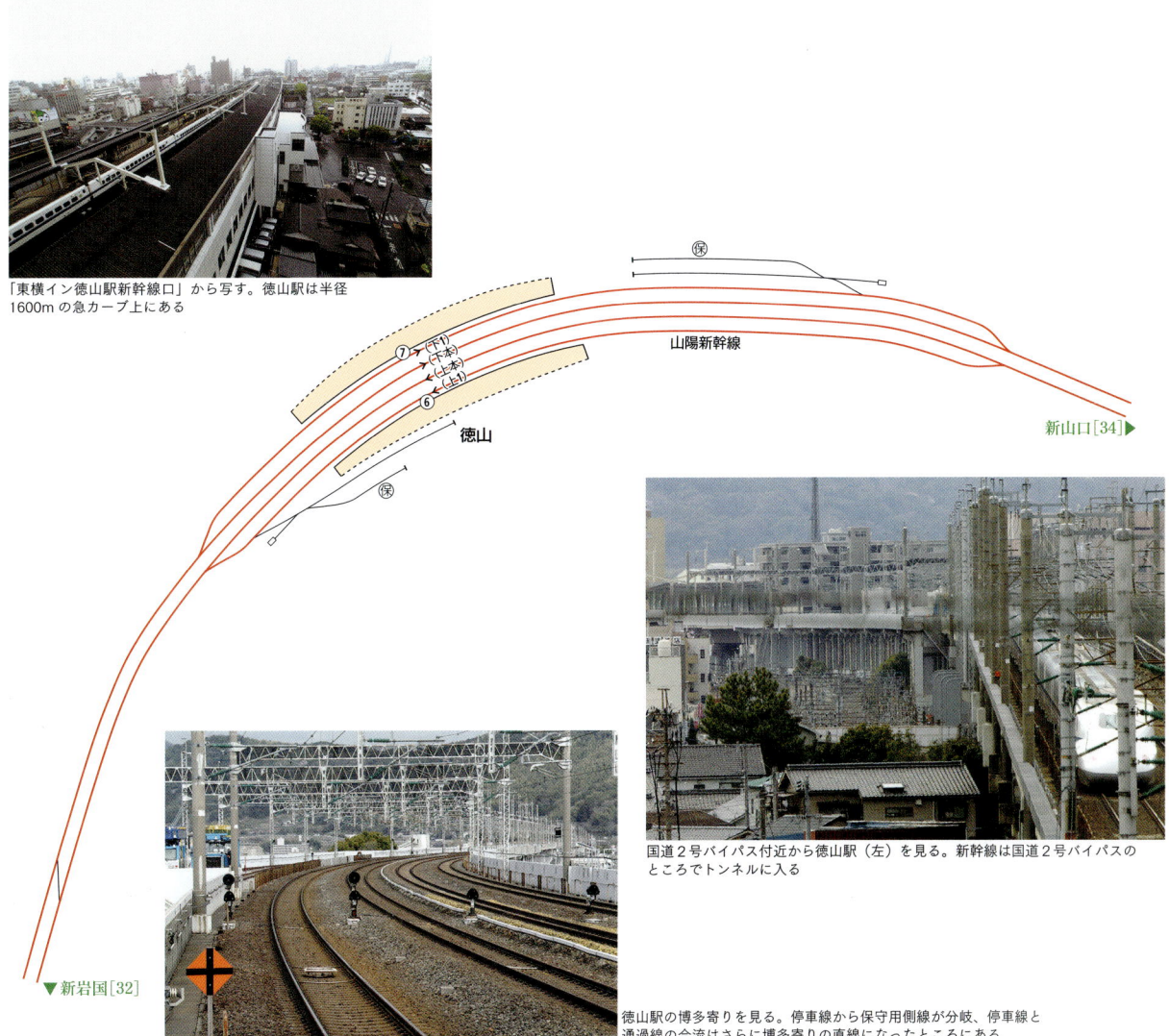

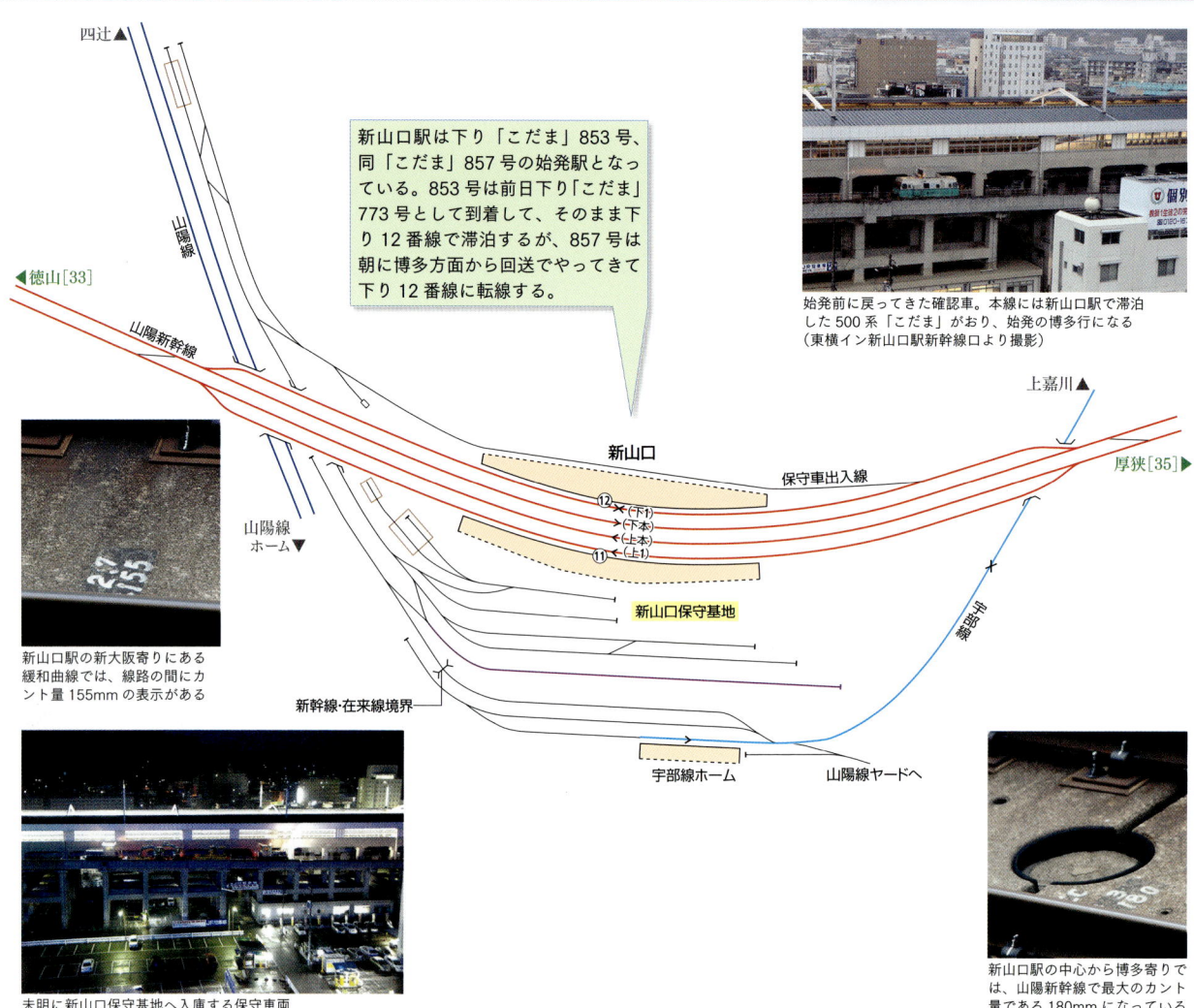

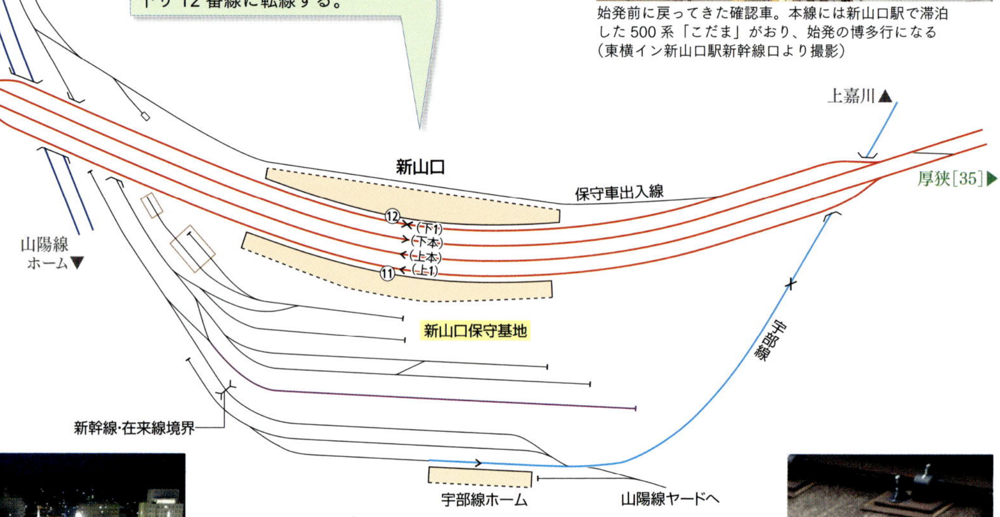

四辻▲

◀徳山[33]

宇部線
新幹線・在来線境界
宇部線ホーム
山陽線ヤードへ

始発前に戻ってきた確認車。本線には新山口駅で滞泊した500系「こだま」がおり、始発の博多行になる（東横イン新山口駅新幹線口より撮影）

新山口駅の新大阪寄りにある緩和曲線では、線路の間にカント量155mmの表示がある

未明に新山口保守基地へ入庫する保守車両（東横イン新山口駅新幹線口より撮影）

新山口駅の中心から博多寄りでは、山陽新幹線で最大のカント量である180mmになっている

新山口［しんやまぐち］

半径4000mのカーブ上にある。新大阪寄りはこのカーブの緩和曲線上にあり、博多寄りに向かうにつれ、カント量が徐々に引き上げられている。新山口駅の線路の間にはカント量が明記されていて､新大阪寄りはカント量155mm、駅中心に向かって徐々にカント量が大きくなり、駅の中心から博多寄りでは180mmと記載されている。

なお、開業時の同駅の最大カント量は155mmだったが、500系「のぞみ」の運転開始に際して180mmにかさ上げされている。このあたりはスラブ軌道なので、カントかさ上げ工事はバラスト軌道よりも手間がかかるが、それでもスピードアップのために行われた。

駅構造は通過線と停車線がある基本的な配線だが、駅全体がカーブしているため、本線、副本線の合流や渡り線は駅からやや離れた直線上に設置されている。

また、下1線からは保守基地への出入線が分岐している。出入線は下りホームの反対側を高架から地平に降りながら新大阪方向に伸び、山陽線と並行したところでスイッチバック、山陽線とともに新幹線本線をくぐり、新幹線駅北側と在来線の貨物ヤードにはさまれた位置にある新山口保守基地につながっている。在来線からの狭軌線が乗り入れており、3線軌もある。山陽線から保守基地への出入りには、いったん宇部《うべ》線の本線を通る必要がある。

厚狭［あさ］

新山口駅は下り「こだま」853号、同「こだま」857号の始発駅となっている。853号は前日下り「こだま」773号として到着して、そのまま下り12番線で滞泊するが、857号は朝に博多方面から回送でやってきて下り12番線に転線する。

保守車出入線
上嘉川▲
厚狭[35]▶
⑫ (下1)
(下本)
(上本)
⑪ (上1)

駅の開業は1900（明治33）年12月と古いが、新幹線駅の開業は1999（平成11）年3月と新しい。高架線に停車線とホームが設置されたため、元からあった高架橋の防音壁を残しており、停車線と通過線の間隔は通常よりも広い。

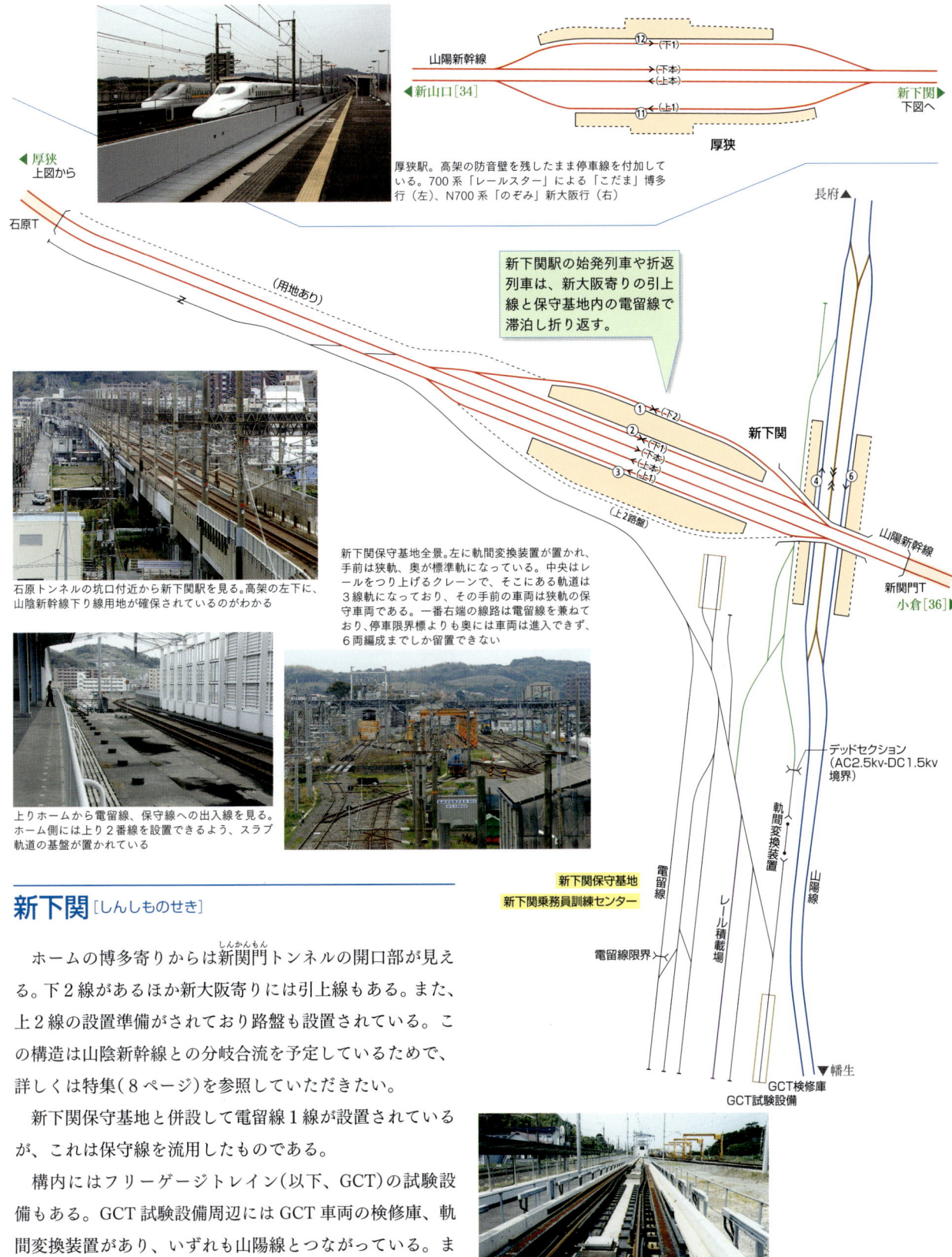

厚狭駅。高架の防音壁を残したまま停車線を付加している。700系「レールスター」による「こだま」博多行（左）、N700系「のぞみ」新大阪行（右）

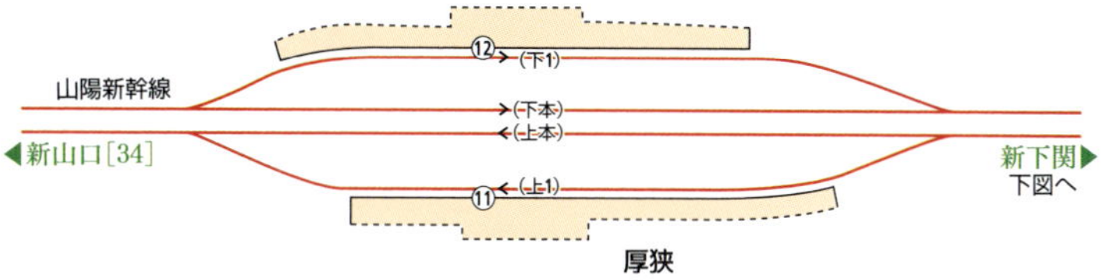

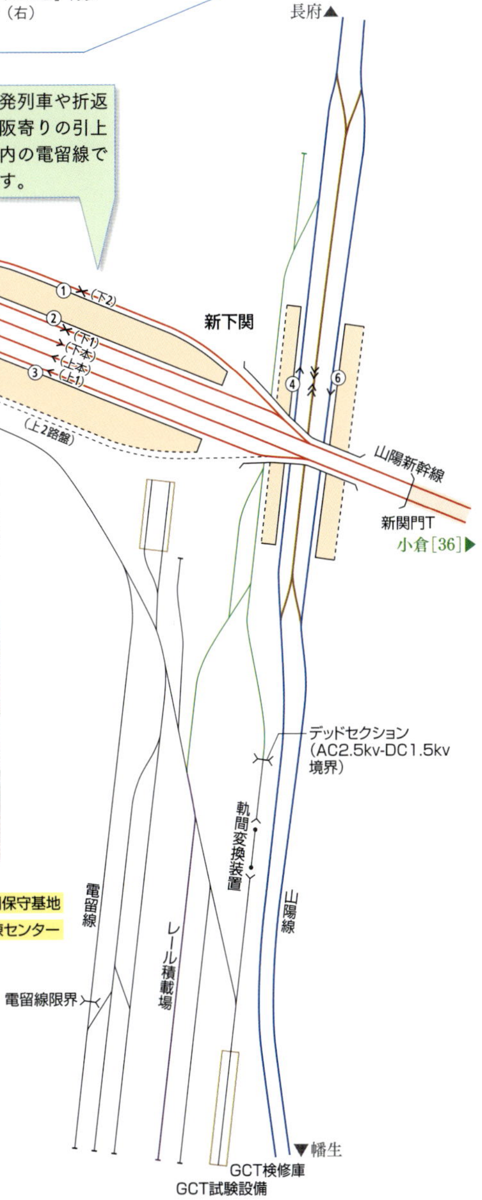

石原トンネルの坑口付近から新下関駅を見る。高架の左下に、山陰新幹線下り線用地が確保されているのがわかる

新下関保守基地全景。左に軌間変換装置が置かれ、手前は狭軌、奥が標準軌になっている。中央はレールをつり上げるクレーンで、そこにある軌道は3線軌になっており、その手前の車両は狭軌の保守車両である。一番右端の線路は電留線を兼ねており、停車限界標よりも奥には車両は進入できず、6両編成までしか留置できない

上りホームから電留線、保守線への出入線を見る。ホーム側には上り2番線を設置できるよう、スラブ軌道の基盤が置かれている

新下関 [しんしものせき]

ホームの博多寄りからは新関門《しんかんもん》トンネルの開口部が見える。下2線があるほか新大阪寄りには引上線もある。また、上2線の設置準備がされており路盤も設置されている。この構造は山陰新幹線との分岐合流を予定しているためで、詳しくは特集(8ページ)を参照していただきたい。

新下関保守基地と併設して電留線1線が設置されているが、これは保守線を流用したものである。

構内にはフリーゲージトレイン(以下、GCT)の試験設備もある。GCT試験設備周辺にはGCT車両の検修庫、軌間変換装置があり、いずれも山陽線とつながっている。また、軌間変換装置の狭軌側には交直切替デッドセクションが設置されている。

軌間変換装置。奥が標準軌、手前が狭軌になっている（許可を得て撮影）

山陽新幹線（小倉）／山陽新幹線・九州新幹線（博多）

小倉駅。「東横イン小倉駅新幹線口」から撮影

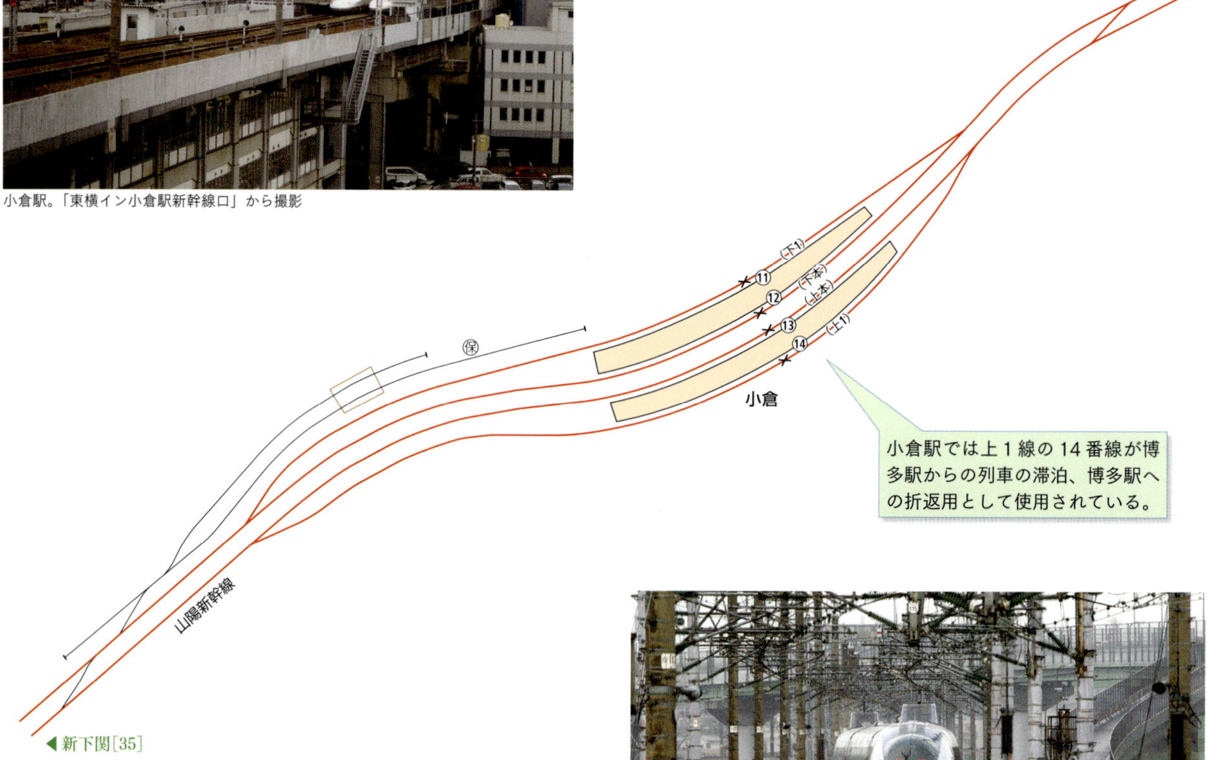

小倉発博多行は14番線から発車する。このため、博多寄りにある順方向の渡り線を通って下り線に転線する

小倉［こくら］

半径1200mのカーブ上にある。島式ホーム2面4線で、内側が本線、外側が副本線である。全列車の停車を前提にしているため、通過線は設置されていない。全発着線から新大阪、博多の両方向への出発が可能だが、小倉—博多間運転の「こだま」の小倉折り返しは14番線（上1線）で行われる。

ホームがカーブ上にあるため、前後にある渡り線はやや離れた直線上に設置されている。新大阪寄りの本線と副本線の分岐も離れており、その間には保守用側線がある。

鞍手保守基地［くらてほしゅきち］

山陽新幹線と九州自動車道にはさまれた場所にある保守基地。本線との分岐点に鞍手信号場があり、同信号場の北側から保守基地への出入線が分岐する。また、鞍手信号場へは山陽新幹線の上り線から渡り線が分岐しているが、立体交差はせず上下線間に順方向の渡り線がある。

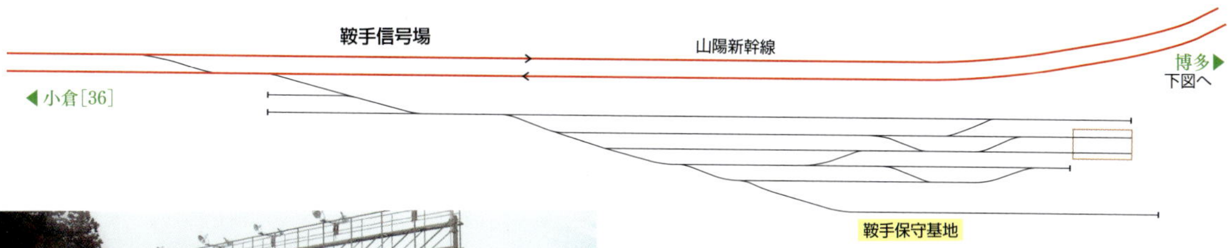

鞍手保守基地は新幹線単独

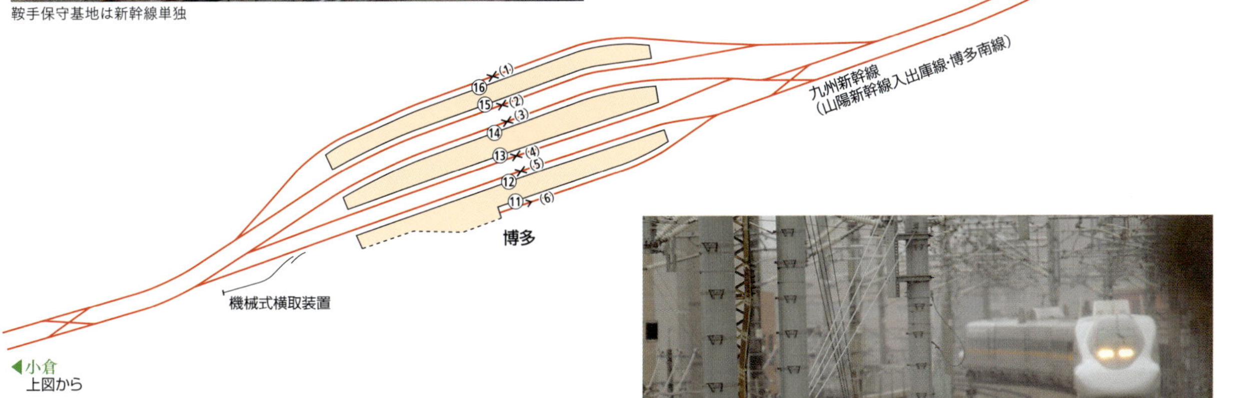

博多駅の鹿児島中央寄りは、大きく配線変更された

博多 [はかた]

九州新幹線との接続駅。従来は島式ホーム2面4線だったが、九州新幹線開業に伴い九州新幹線電車発着用の11、12番線が新設され、さらに新大阪寄りには機械式横取装置が設置された。

博多駅の前後には半径1000mのカーブがあったが、鹿児島中央寄りで同駅ホーム増設に伴う配線変更が実施されたため、半径1000mよりゆるやかなカーブとなっている。さらに、その先の半径1100mのカーブを抜け直線になったところに渡り線があるが、これは、以前はシーサスポイントだった。

新設された11番線のホームの有効長は10両編成分しかない。一方、向かいの12番線は16両編成分あり、「のぞみ」の一部列車が入線して、11番線で発着する九州新幹線電車と同一ホーム上での乗り換えを可能にしている。

山陽新幹線と九州新幹線との接続駅だが、駅の管理はJR西日本が行っている。

ＪＲ西日本博多総合車両所の途中に、ＪＲ西日本とＪＲ九州の境界標がある

博多南駅の発着線は着発１番線を使用

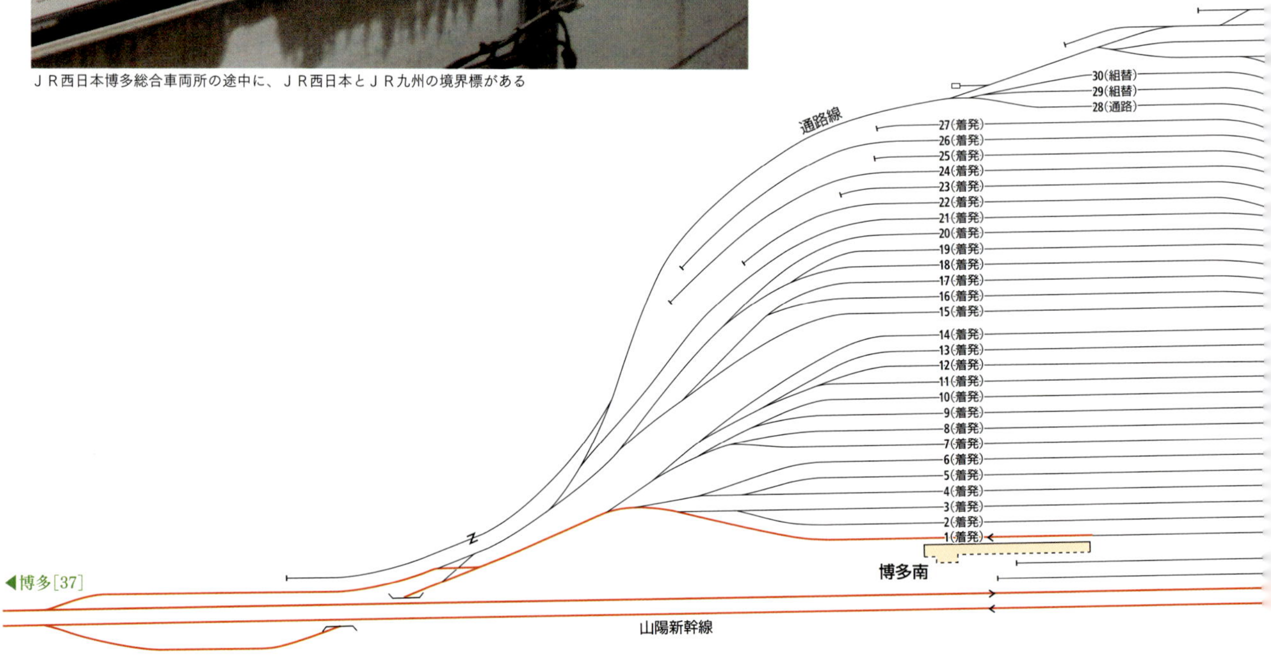

博多南［はかたみなみ］

博多南駅は東京起点1077.6kmにあり、本線のこの付近にＪＲ西日本とＪＲ九州の境界がある。同駅手前の入出庫分岐地点から博多駅までは、今のところ最高速度は120km/hに抑えられている。

博多南駅は、正確には新幹線の駅ではなく在来線の駅として扱われている。博多南線発着の新幹線電車も特定特急券（100円）の購入が必要で、これに加えて在来線の運賃が必要である。ＪＲ西日本は九州地区で在来線を営業できないことになっていたため、博多南線はＪＲ九州が営業するという名目で開業。博多南駅の駅業務も長らくＪＲ九州社員が担当していた。しかし、九州新幹線鹿児島ルートの全通直前に、博多—博多南・ＪＲ境界間は正式にＪＲ西日本の管轄になったことから、晴れてＪＲ西日本の路線となり、駅業務もＪＲ西日本の職員が担当するようになった。ホームは博多総合車両所の着発１番線が流用されており、８両編成が停車できる長さしかない。

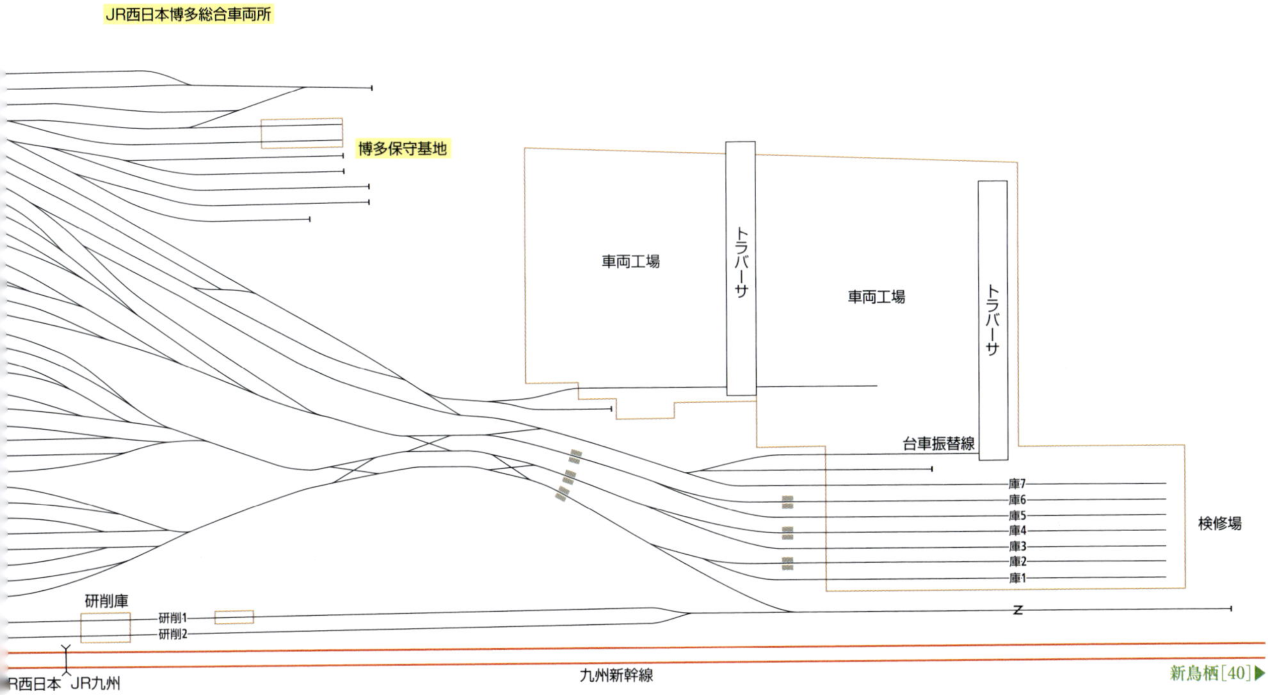

JR西日本博多総合車両所

[じぇいあーるにしにほんはかたそうごうしゃりょうしょ]

山陽新幹線の総合車両基地。国鉄は博多総合車両所について、山陽新幹線の車両の収容・検修に加え、九州新幹線や、計画されている東九州新幹線、九州新幹線長崎ルート(現・西九州ルート)、九州横断新幹線、山陰新幹線も担当すると想定していたため、広大な敷地が確保され、検修設備のほか車両工場も設置された。

しかし、国鉄の分割民営化によりＪＲ西日本の所属となり、その役割は山陽新幹線用に固定化され、九州新幹線が開業しても、ＪＲ九州の車両の保守はしないことになった。

また、国鉄が想定したよりも山陽新幹線の車両数は増えているので、前述の各新幹線がすべて開通するとなると大幅に容量不足となる。なお、着発線の一部は博多方向の入出庫線とつながっていない。

新鳥栖駅の博多寄りにある新鳥栖保守基地。開業間もないため、ほとんど使われていない

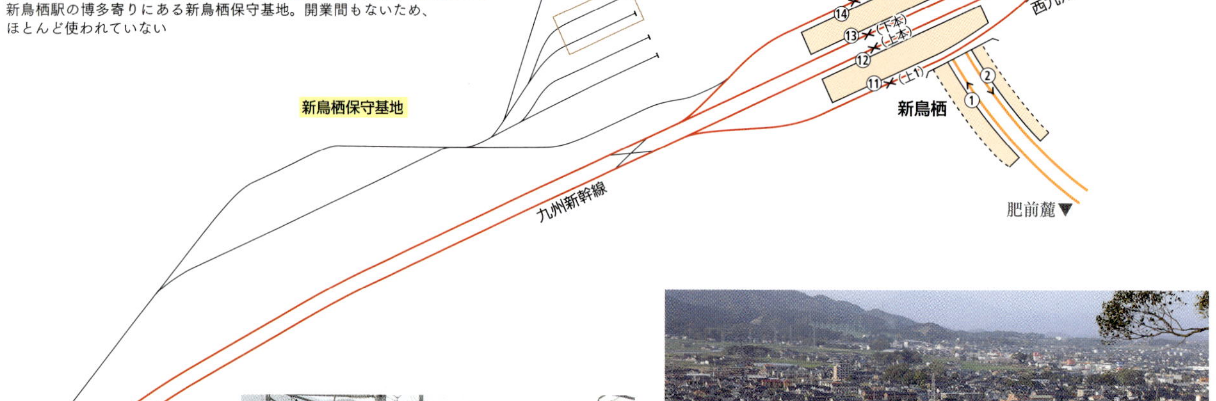

新鳥栖駅の博多寄りを見る。10両編成が停車可能となるよう、ホームを延伸できるスペースを確保している

新鳥栖駅で長崎線と交差する

新鳥栖[しんとす]

長崎線との連絡駅で在来線の駅も新設された。九州新幹線(鹿児島ルート)の当初の整備計画では、この新鳥栖駅の設置予定はなかった。一方、長崎ルート(現・西九州ルート)公表時には、鹿児島ルートと長崎ルートの分岐点に新鳥栖駅の設置計画があったものの、その設置は長崎ルートが開通したときとされていた。これは、鹿児島ルートの久留米《くるめ》駅(鹿児島中央方面から長崎ルートへの分岐駅とされていた)と新鳥栖駅設置予定地が5.7kmしか離れておらず、駅を設置するには近すぎると判断されたためである。しかし、長崎ルートが具体化していくにつれて、鹿児島ルート単独開通時に新鳥栖駅も同時開業させることが決定した。

西九州ルートとの分岐を前提とした島式ホーム2面4線の構造をしている。国鉄時代の新幹線分岐駅の構造は、中央に上下通過線を設置する島式ホーム2面6線としていた(上越・長野新幹線が分岐する高崎駅がこの構造に該当する。『中部ライン』第10巻配線図を参照)。だが、これでは駅の規模が大きくなって建設費がかさむ。そこで、新鳥栖駅は乗客の転落防止のための安全柵(ホームゲート)を設置。上下本線である停車線での高速通過を可能にして通過線の設置をしないですむようにしている。また、現在のホーム有効長は8両分だが、博多寄りにホームを2両分延伸して10両編成が停車できるよう準備されている。

駅の前後にシーサスポイントがあり、すべての発着線から博多と鹿児島中央の両方向に出発することが可能。また、西九州ルートとの分岐準備構造として、外側の副本線から分岐する西九州ルートの路盤が用意されている。

博多寄りには保守基地があるが、開通して間もないため保守車両は配置されておらず、配線も複雑ではない。

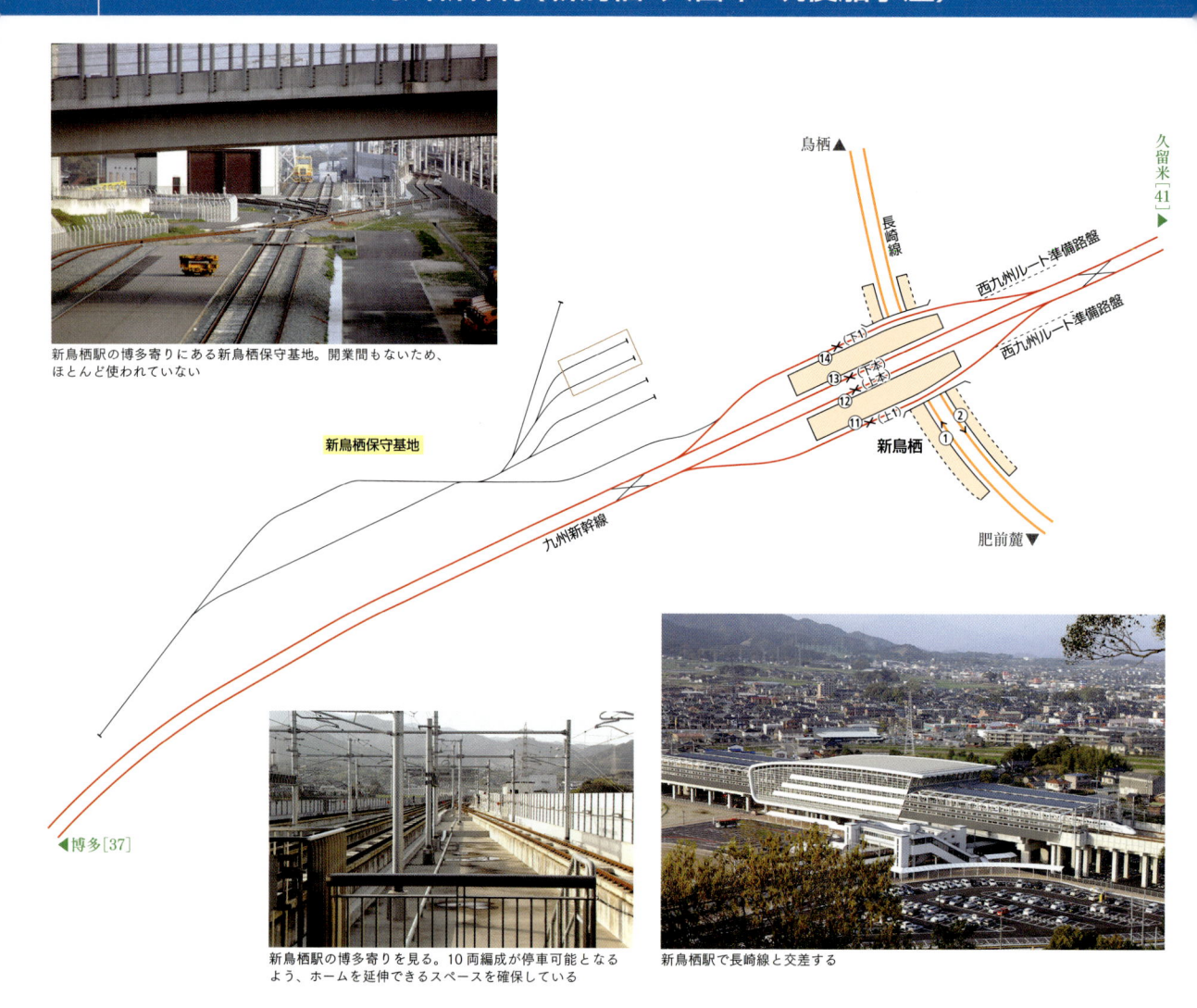

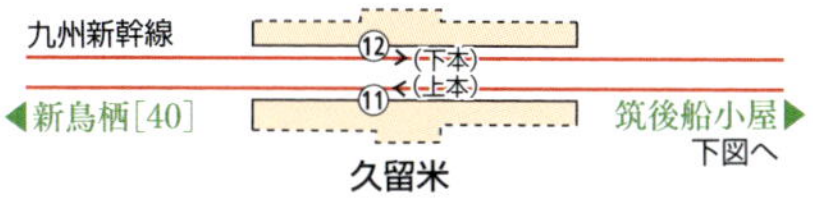

久留米駅全景。右が博多方面

筑後船小屋駅。鹿児島線の駅（左）が移設され、新幹線駅と併設の形になっている

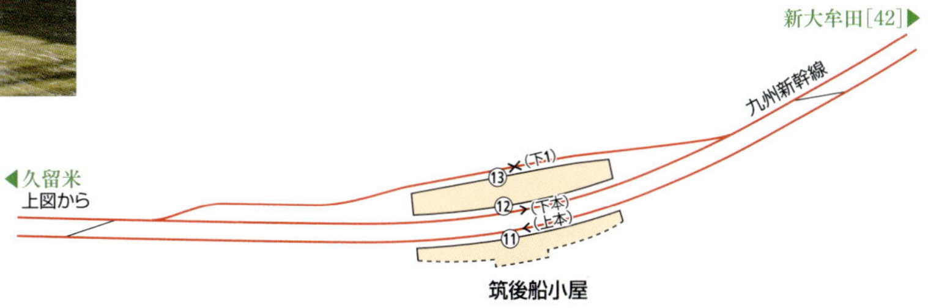

久留米[くるめ]

当初は博多寄りにシーサスポイントを設置して、久留米駅折返電車を設定することを想定していた。だが、筑後船《ちくごふな》小屋《ごや》駅の設置が決定してから、同駅に折返設備をつくることになり、久留米駅へのシーサスポイント設置は見送られた。ホームは将来の輸送力増強を想定して鹿児島中央駅寄りに２両分ホームを延伸し、10両編成に対応できるよう準備されている。

筑後船小屋[ちくごふなごや]

半径4000mのカーブ上にあり、下１線がある島式ホームと片面ホームの２面３線となっている。

下１線は博多と鹿児島中央の両方向への出発が可能であり、下りだけでなく上り電車の待避も可能。駅がカーブ上にあるため、本線と副本線との合流ポイントやその先の渡り線は、ホームからはやや離れた位置にある。また、博多寄りに２両分のホーム延伸ができるように準備されている。

博多寄りから見た新大牟田駅

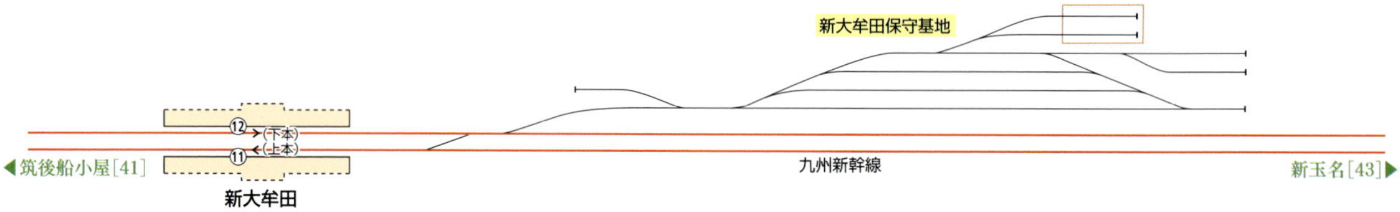

新大牟田駅の鹿児島中央寄りには新大牟田保守基地があるが、まだ使用されていない

新大牟田［しんおおむた］

直線上にある相対式ホーム２面２線の駅。単独駅で他線と連絡はしていないが、営業キロは鹿児島線の大牟田駅と同一にしている。

新大牟田保守基地［しんおおむたほしゅきち］

新大牟田保守基地は新大牟田駅の鹿児島中央寄りにある。下り線から出入線が分岐、出入線と新大牟田駅の間には渡り線を設置している。山陽新幹線のように上下線それぞれから出入線が分岐していないのは、建設費を圧縮するためである。

鹿児島ルートはスラブ軌道を多用しているため、基地内にバラスト積載設備はなく、レールは新八代駅から搬入される。また、開通して間もないため、保守車両はまだ配置されていない。

新玉名［しんたまな］

半径5000mのカーブ上にある相対式ホーム２面２線の駅。在来線の鹿児島線は有明《ありあけ》海の海岸線に沿って迂回するが、新幹線は筒《つつ》が岳《たけ》の山塊を突っ切って玉名平野に達する。営業キロは玉名駅と同一である。

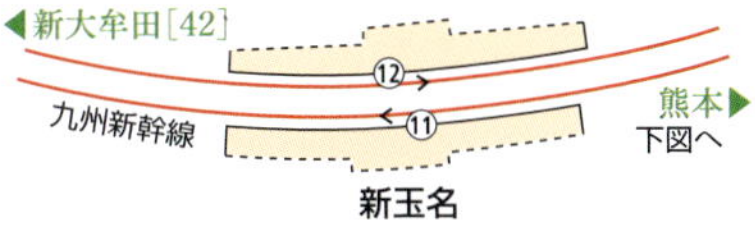

新玉名駅を発車する「つばめ」博多行

「東横イン熊本駅前」から見た熊本駅全景。左側が鹿児島中央方面

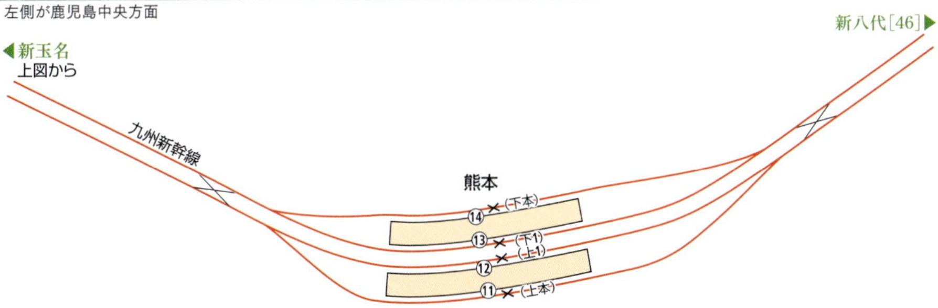

熊本［くまもと］

新幹線駅は在来線熊本駅に併設されていたヤード跡地に建設されたため、熊本駅前後の区間では並行する鹿児島線より西方向に線路を曲げている。そのため、博多寄りに半径500m、鹿児島中央寄りに半径400mの急カーブがある。だが、熊本駅は全列車停車を前提にしているため、このような急カーブがあっても運転上の支障はない。

島式ホーム2面4線で、外側が本線、内側が副本線になっており、両端にシーサスポイントが設置されている。博多寄りのカーブ区間はそれほど長くないため、シーサスポイントは本線と副本線の合流点の近くに設置されている。一方、鹿児島中央寄りは2両分のホーム延伸を予定しているため、シーサスポイントもホームの端からやや離れた位置に設置されている。

すべての発着線は博多、鹿児島中央の両方向に出発できる。熊本駅で待避追い越しをすることもあるが、多くの場合、副本線の下1線は同駅止まり、上1線は同駅始発の「つばめ」が発車している。これは博多寄りのシーサスポイントで転線をせず、熊本総合車両所まで回送するのを基本としているためである。

ＪＲ九州熊本総合車両所の検車ピット側を見る。右手前はすでに用意されている廃車車両解体線

JR九州熊本総合車両所

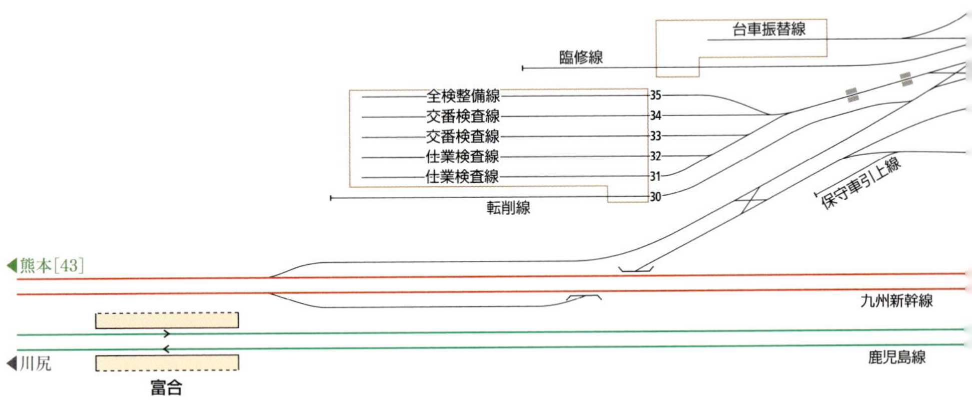

JR九州熊本総合車両所

［じぇいあーるきゅうしゅうくまもとそうごうしゃりょうしょ］

熊本総合車両所の本線は鹿児島線と並行。車両基地の近くの鹿児島線には、九州新幹線の開業と同時に新駅の富合《とみあい》駅が開設された。車両基地勤務者の通勤の利便性を確保することも駅設置の理由のひとつである。

国鉄時代には、九州新幹線の車両保守は博多総合車両所で行うとされていたが、分割民営化によって同車両所はＪR西日本の新幹線車両のみを保守することとなった。そのため、九州新幹線専用として熊本総合車両所が建設されることになり、各種検修線や転削線が設置された。電留線は13線あり、さらなる増設も可能である。さらに、同車両所では古くなった車両の解体線もすでに用意されているのが面白い。

熊本保守基地も併設されているが、鹿児島線から分岐するレール搬入用の乗入線（狭軌）は設置されていない。

保守基地も併設されている

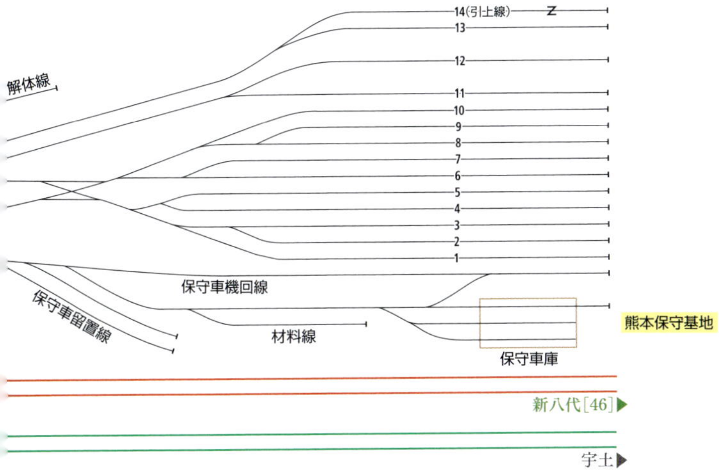

同車両所は主にN 700 系の車両基地として使われている

「東横イン新八代駅前」から見下ろした新八代駅。手前に鹿児島線があり、新幹線から右に分かれる線路は特急「リレーつばめ」が運行時の連絡線とGCT用線路(東横イン新八代駅前から撮影)

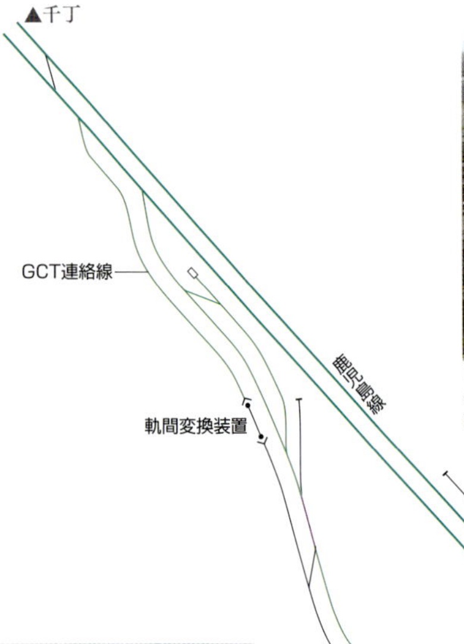
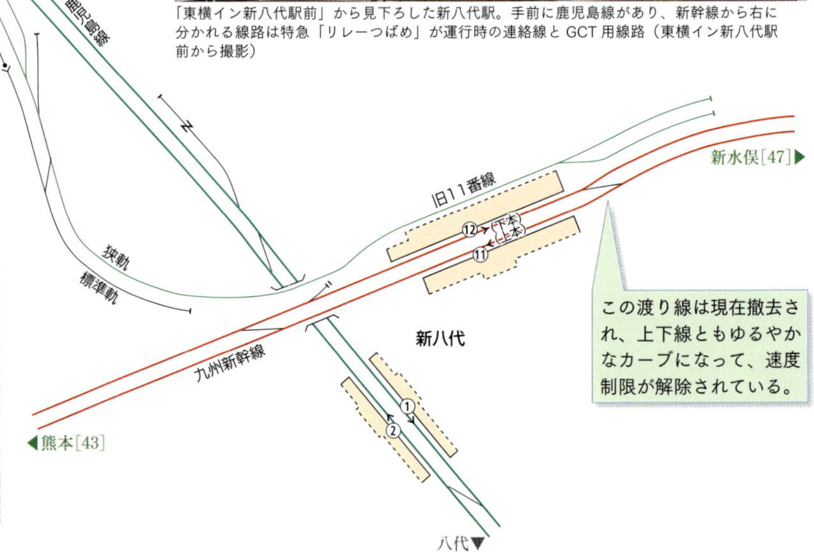

九州新幹線の部分開業時は同駅の12番線1線で発着していたために、両開きのポイントで上下線が分かれていたが、現在は撤去されている(写真はレール撤去中のもの)

新八代[しんやつしろ]

鹿児島ルートが先行開業したときの起点駅で、在来線の鹿児島線が博多寄りで斜めに交差している。先行開業時から全通までの間、鹿児島線との連絡特急「リレーつばめ」(博多―新八代間)との乗換の便を図るため、新幹線下り線のホームの反対側に鹿児島線から分岐する狭軌の連絡線(3線軌化または標準軌化の準備がなされている)を引き込んでいた。そのため、狭軌線の旧11番線から発着する「リレーつばめ」と12番線から発着する九州新幹線の「つばめ」は同一ホーム上で乗り換えることができた。さらに、鹿児島線―新八代―九州新幹線間で直通運転が想定されていたGCT車両の試運転を行うため、連絡線にはGCT用の軌間変換装置が設置されている。なお、九州新幹線鹿児島ルート全通時に上り本線側のホームが11番線になり、旧11番線は保守用側線化工事が行われ、ホーム番号がなくなっている。

連絡線は新幹線のレール敷設工事の際にレール搬入ルートとして使用されていた。その際には、旧11番線の鹿児島中央寄りにある引上線に狭軌ロングレール積載貨車を留置、新幹線下り本線には標準軌ロングレール積載貨車を留置させて、ここで積み替えを行っていた。現在、GCT連絡線は途中で寸断されている。そのまま残されている狭軌連絡線は、3線軌にして新幹線下り本線と接続して、レール搬入を主とする保守用側線になる。

また、部分開業時に新幹線ホームは2線用意されていたものの、全線開業時まで12番線しか使用されていなかった。同駅で折り返していたので、乗り心地をよくするため鹿児島中央寄りの上り線との渡り線の下り線側のポイントは両開きポイントになっていた。このために、上下線とも大きく曲がっていた。全線開業後も残っていたので、列車がここを通過するときには、120km/hに減速していた。この渡り線はバラスト軌道上にあったが、全線開業で不要になり、撤去された。

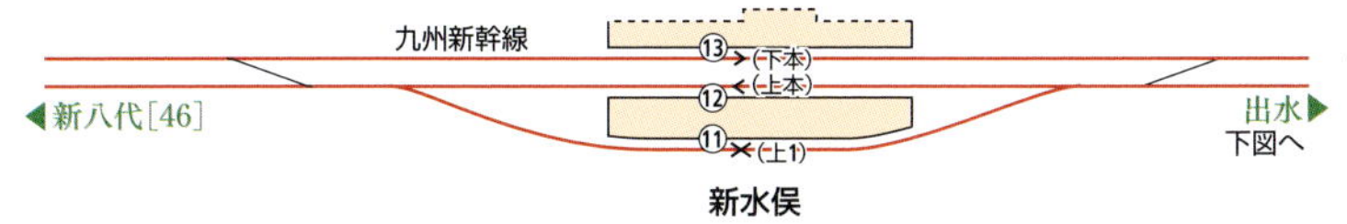

新水俣駅には上１線がある。下り電車も待避可能な配線になっている

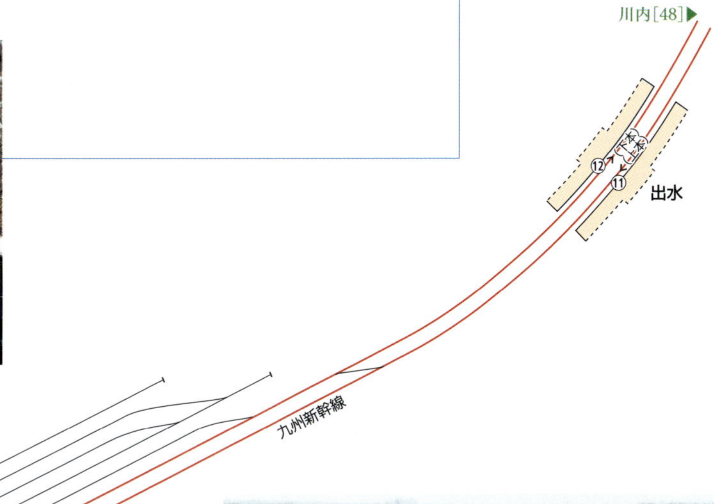
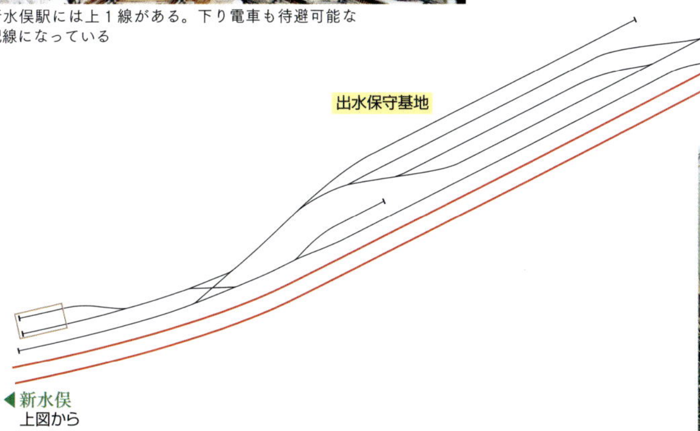

出水保守基地。出水駅の博多寄りにある

九州新幹線鹿児島ルート全通後に開始された、旧 11 番線の保守用側線化工事に伴い、12 番線のホームは博多寄りに仮ホームで１両分延伸されている。これは、鹿児島中央寄りのホームの改良をしているためである。旧 11 番線の工事が終わると仮ホームは撤去され元に戻り、速度制限もなくなる。

この延伸部分にはきちんとしたホームゲートが設置されておらず、ここの安全柵の扉は列車が停車するたびにガードマンが開け閉めしている(56 ページの写真参照)。

新水俣 [しんみなまた]

上１線がある島式ホームと片面ホームの２面３線となっている。上１線は博多と鹿児島中央の両方向に出発可能で、上りだけでなく下り電車の待避も可能になっている。

出水 [いずみ]

半径 2700m のカーブ上にある相対式ホーム２面２線の駅。駅の鹿児島中央寄りは、駅構内のカーブとは逆の半径 2500m のカーブになっている。半径 2500m での許容速度はカント量 200mm で 262km/h である。九州新幹線はデジタル ATC であっても、各速度信号には頭打ち速度があるので、現在の最高速度も 230km/h に減速する。

博多寄り 0.6km 地点には出水保守基地がある。こちらも出入線は上下線の両方向とは接続しておらず、下り線のみと接続している。このため、半径 2700m のカーブの博多寄りの直線に出入線へのポイントと渡り線がある。

川内駅を鹿児島中央寄りから見る。左側は鹿児島線

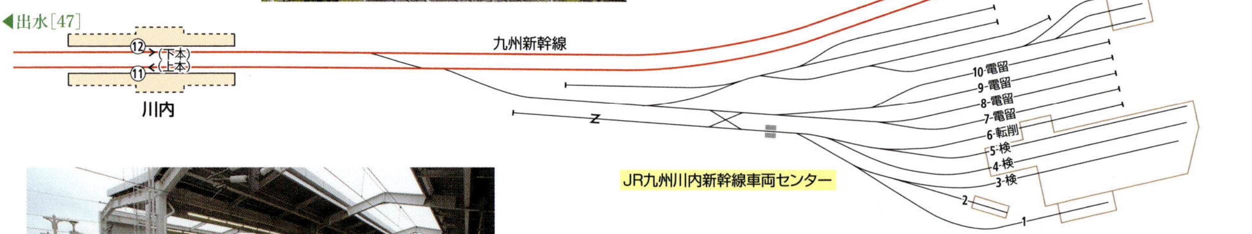

鹿児島中央駅。ホーム端部から3本の停車電車を見る。両端はN 700系、中央は800系

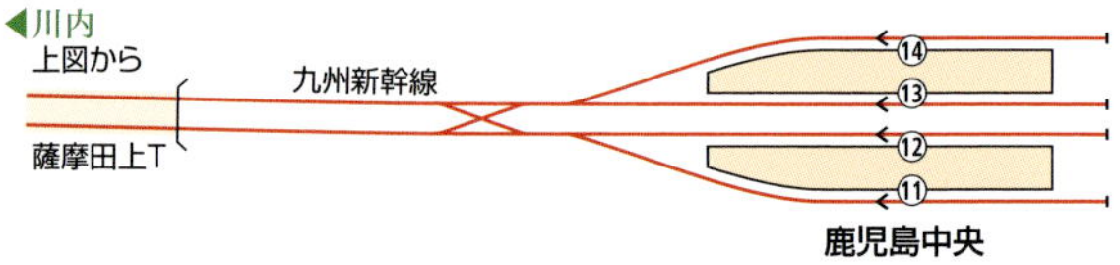

川内 [せんだい]

相対式ホーム2面2線の駅。鹿児島中央寄りに川内新幹線車両センターがある。熊本総合車両所では上下線から入出庫線が分岐しており、上り線に接続する入出庫線は本線の下をくぐる構造だが、川内新幹線車両センターは建設費軽減のため上り線からのみ入出庫線が分岐している。このため順方向の渡り線がある。

車両センターから博多方面への出庫、博多方面からの入庫はそのまま進むだけでよいが、鹿児島中央方面への出庫は渡り線を経て下り12番線に入線してスイッチバックをする。このため12番線の博多寄りには車両進入限界の標識(この地点を過ぎると非常停止させられる標識)が設置されている。本来、12番線からは下りの鹿児島中央方面に向かう列車しか出発しないため、上り方面となる博多寄りには設置されないものである。

一方、鹿児島中央方面からの入庫は、上り11番線に到着してからスイッチバックで入る。そのため、11番線の鹿児島中央寄りには入替信号機が設置されている。

車両センターは4線の電留線、3線の検修線、1線の転削線がある。本線との間には川内保守基地が隣接している。

鹿児島中央 [かごしまちゅうおう]

鹿児島中央駅は東京起点1325.941km地点にあり、島式ホーム2面4線になっている。これは駅中心点での距離で、ホームと線路はその先も東方向に伸びている。電車が滑走しても安全なように線路が伸びており、本当の線路の終点は駅中心から157m先の地点となる。この終端は東京起点1326.098kmとなる。

この先、さらに線路が伸びる可能性がある。新八代駅以南のホームの長さは8両編成分となっているが、熊本駅以北の各駅でホーム延伸が準備されているように、10両編成が鹿児島中央駅までノンストップで乗り入れる可能性もあり、その場合は線路を海岸寄りにある駅前広場の上部に50m伸ばすとされている。

また、将来的に東京、新大阪方面から「のぞみ」が直通してくる可能性もゼロではないが、その場合は16両編成に対応しなければならないので、さらにホームを6両分150m伸ばす必要がある。こうなった場合、駅前広場を突き抜けたところまで延伸する必要があるが、博多寄りのポイント位置を変更して博多寄りも延伸する可能性もある。ちなみに、「のぞみ」の鹿児島中央駅乗り入れが実現した際には、熊本駅も同様にポイント位置を変更して、ホームを延伸するとされている。

駅データ
STATION DATA

駅データについて

・鉄道会社名・路線名の表記は『鉄道要覧』〈平成 22 年度〉（国土交通省鉄道局＝監修／電気車研究会・鉄道図書刊行会）に準拠しました。

・鉄道会社名や路線名については、通称や愛称など、一般になじみのある表記を併用しています。

・駅名表記は各社の発表資料と各社時刻表に準拠しました。

データの説明

①よみがな／電信略称／新大阪または博多起点の営業キロ、続く（　）内は東京起点の実キロ／駅構造(地上、地下、高架など)：電信略称とは国鉄時代から使われている駅の略称であり、主にＪＲ各社で今でも使われているものです。

② **開業** 開業年月日は、各社ホームページなどの公式発表資料に準拠しました。開業年月日を決定する基準は各鉄道会社によって異なります。開業日は、駅を掲載しているページの路線が開業、または接続した日を開業日としています。したがって、在来線の開業日ではなく、新幹線の開業日に合わせています。

③ **連絡** 路線名や会社名は、実際に駅で使われているものを記載しました。したがって正式名称ではなく、運転系統の路線名に準じています(例：ＪＲ京都線、ＪＲ神戸線など)。なお、駅名が異なる連絡駅については、その駅名も併記しています。(④／例：姫路駅の **連絡** 山陽電鉄〔山陽姫路駅〕)。

⑤ **乗場** 当該路線が発着する「ホーム番線」と方面を掲載しました。方面については、その番線から出発する列車の終着駅を記載しています。なお(　)内の駅名は、その駅まで直通する列車がないことを示しています(⑥)。

⑦ **memo** 駅の歴史や周辺情報など、その他特記事項を記しました。

新大阪［しんおおさか／シオ／新大阪起点0.0(実キロ東京起点515.4)／高架］—①

②— **開業** 1972(昭和 47)年３月 15 日

③— **連絡** 東海道新幹線、東海道線、ＪＲ京都線、ＪＲ神戸線、ＪＲ宝塚線、福知山線(特急)、阪和・関西空港線(特急)、阪和・きのくに線(特急)、湖西・北陸線(特急)、大阪市御堂筋線　**乗場** ⑳博多・鹿児島中央方面(折返)／㉑㉒博多・鹿児島中央方面／㉓㉔㉕㉖東京方面

⑦— **memo** 東海道新幹線が開業した 1964 年(山陽新幹線としては 1972 年)に設置された駅。新幹線ホームは開業当時１～３番線だったが、その後徐々にホームが増設され、現在はホーム番号を変更。南側から 20 ～ 26 番線となっている。さらに現在、駅の北側には 27 番線の建設が進められ、2012 年度の完成を目指している。2018 年度には、在来線のおおさか東線の新大阪—放出《はなてん》間が開業する予定で、開業

姫路［ひめじ／ヒメ／新大阪起点91.7(実キロ東京起点601.3)／高架］

開業 1972(昭和 47)年３月 15 日

連絡 山陽線、ＪＲ神戸線、播但線、姫新線、山陽電鉄〔山陽姫路駅〕—④

⑤— **乗場** ⑪新大阪・東京方面／⑫博多・鹿児島中央方面、新大阪・東京方面(始発)／⑬博多・鹿児島中央方面

memo 兵庫県第二の都市・姫路市の玄関駅で、「のぞみ」「さくら」の多くが停車。13 番ホームは、姫路始発岡山行の「こだま」733 号と深夜帯

西明石［にしあかし／ニア／新大阪起点59.7(実キロ東京起点

開業 1972(昭和 47)年３月 15 日

連絡 山陽線、ＪＲ神戸線

乗場 ⑪博多・(鹿児島中央)方面／⑫新大 —⑥

memo 明石市西郊の小久保《こくぼ》地区に設置さ

として 1944 年に開業した当初から、現

新幹線ホームと在来線ホームは離れてお

新大阪［しんおおさか／シオ／新大阪起点0.0(実キロ東京起点515.4)／高架］

開業 1972(昭和 47)年 3 月 15 日

連絡 東海道新幹線、東海道線、ＪＲ京都線、ＪＲ神戸線、ＪＲ宝塚線、福知山線(特急)、阪和・関西空港線(特急)、阪和・きのくに線(特急)、湖西・北陸線(特急)、大阪市御堂筋線　**乗場** ⑳博多・鹿児島中央方面(折返)／㉑㉒博多・鹿児島中央方面／㉓㉔㉕㉖東京方面

memo 東海道新幹線が開業した 1964 年(山陽新幹線としては 1972 年)に設置された駅。新幹線ホームは開業当時１～３番線だったが、その後徐々にホームが増設され、現在はホーム番号を変更。南側から 20 ～ 26 番線となっている。さらに現在、駅の北側には 27 番線の建設が進められ、2012 年度の完成を目指している。2018 年度には、在来線のおおさか東線の新大阪―放出《はなてん》間が開業する予定で、開業後は大阪府東部、八尾《やお》方面からのアクセス向上が期待されている。

南側から見た新大阪駅。東海道線が東側で、地下鉄御堂筋線が西側で交差し、南側（下）に宮原回送線が通っている

東京寄りから見た新大阪駅。駅寄りにもシーサスポイントがあって、同時発車同時進入が可能。現在、北側（駅の右側）に発着線の増設工事が行われている

新神戸［しんこうべ／シヘ／新大阪起点36.9(実キロ東京起点548.0)／高架］

開業 1972(昭和 47)年３月 15 日

連絡 神戸市西神・山手線、北神急行

乗場 ①博多・鹿児島中央方面／②新大阪・東京方面

memo 相対式ホーム２面２線の駅。「のぞみ」「みずほ」を含めた全列車が停車する。通過列車が設定されていた時代の名残で、ホームには安全柵が設置されている。構内やホームでは地元の弁当業者・淡路屋《あわじや》が駅弁を販売。「神戸ワイン弁当」は神戸ワイン、神戸牛のステーキ、カレーピラフなどが詰め合わされた人気弁当である。駅前からは淡路島、徳島方面への高速バスが発着する。

下りホーム博多寄りから見る。相対式ホーム２面２線で半径 3000m のカーブ上に駅がある。進入中の「さくら」鹿児島中央行（右）と「のぞみ」東京行（左）

西明石［にしあかし／ニア／新大阪起点59.7(実キロ東京起点570.2)／高架］

開業 1972(昭和 47)年３月 15 日

連絡 山陽線、ＪＲ神戸線

乗場 ⑪博多・(鹿児島中央)方面／⑫新大阪・東京方面

memo 明石市西郊の小久保《こくぼ》地区に設置されている駅。山陽線の駅として 1944 年に開業した当初から、現在の駅名のままである。新幹線ホームと在来線ホームは離れており、相互間は駅前ロータリーの西側上部に架けられた約 50m の通路で連絡している。神戸空港朝出発の航空便への対抗策として同駅６時始発の東京行「のぞみ」が運転されている。

下りホーム新大阪寄りから見る。半径 4500m のカーブ上に駅がある。100 系「こだま」が N700 系「のぞみ」を待避中。N700 系と 100 系の車両の高さの違いや、内側２線の通過線がカント量 155mm のため、N700 系の車体が傾いているのがわかる

姫路［ひめじ／ヒメ／新大阪起点91.7(実キロ東京起点601.3)／高架］

開業 1972(昭和 47)年３月 15 日

連絡 山陽線、ＪＲ神戸線、播但線、姫新線、山陽電鉄〔山陽姫路駅〕

乗場 ⑪新大阪・東京方面／⑫博多・鹿児島中央方面、新大阪・東京方面(始発)／⑬博多・鹿児島中央方面

memo 兵庫県第二の都市・姫路市の玄関駅で、「のぞみ」「さくら」の多くが停車。13 番ホームは、姫路始発岡山行の「こだま」733 号と深夜帯の一部下り列車の発着にのみ使用されている。2008 年に高架化された在来線ホームからは山陽線、播但《ばんたん》線、姫新《きしん》線など各方面への列車が発着する。回転展望台・平和資料館・水族館・温室植物園などがある手柄山《てがらやま》中央公園は南西方向に徒歩 20 分。

上りホーム博多寄りから見る。上り側も島式ホーム状になっている

下りホーム新大阪寄りから見る。下り側（左）は下２線がある島式ホーム、上り側（右）も上２線が設置できる準備がなされている。停まっているのは 100 系「こだま」博多行（左）と 500 系「こだま」新大阪行（右）

相生［あいおい／アイ／新大阪起点112.4(実キロ東京起点621.3)／高架］

開業 1972(昭和 47)年 3 月 15 日　**連絡** 山陽線、赤穂線

乗場 ⑪博多・(鹿児島中央)方面／⑫新大阪・東京方面

memo 山陽新幹線の工事が開始される前、地元から駅設置の要望がなされていなかったのに、国鉄から新幹線駅を西明石駅とともに設置すると発表され、逆に地元が驚いたということがあった。設置の理由は夜行新幹線(79 ページ参照)の行違駅にするためだった。また、在来線特急の京都―倉吉間の「スーパーはくと」は相生駅を通過するが、同列車を停車させ、さらに新幹線「のぞみ」の一部も停車させて新幹線と在来線の連絡駅にしてもらいたいという地元の要望がある。

駅の南側にある「東横イン相生駅新幹線口」から魚眼レンズで撮影。新幹線駅は在来線駅に併設されている

新倉敷［しんくらしき／シク／新大阪起点205.5(実キロ東京起点702.1)／高架］

開業 1975(昭和 50)年 3 月 10 日

連絡 山陽線

乗場 ①博多・(鹿児島中央)方面／②新大阪・東京方面

memo 山陽鉄道(現・山陽線)の駅として開業後、長らく玉島《たましま》駅を名乗っていたが、新幹線開業と同時に現在の駅名に改称。同時に駅舎も現在の橋上駅舎に改築されている。倉敷の地名は、この地に集落が築かれた安土桃山時代に、「倉」と呼ばれた船蔵屋敷、水夫屋敷が多数建築されたことにちなむ。1967 年に倉敷市と合併した旧・玉島市の中心部が近く、駅前から路線バスが連絡している。

下りホーム博多寄りから見る。半径 10000m のカーブ上にあるが、これだけ曲線がゆるいと、あまりカーブしているように見えない。通過しているのは「さくら」鹿児島中央行

岡山［おかやま／オカ／新大阪起点180.3(実キロ東京起点676.3)／高架］

開業 1972(昭和 47)年 3 月 15 日

連絡 山陽線、赤穂線、伯備線、津山線、吉備線、瀬戸大橋線、宇野線、岡山電軌〔岡山駅前電停〕

乗場 ㉑㉒博多・鹿児島中央方面／㉓㉔新大阪・東京方面

memo 山陽新幹線の運転上の拠点駅のひとつで、全列車が停車する。東京行の「ひかり」、博多行の「こだま」の始発・終着列車も設定されている。開業以来、新幹線のホーム番号は 1 ～ 4 番線だったが、2008 年 3 月のダイヤ改正時に現在のホーム番号に変更された。ママカリ、椎茸、エビ、アナゴ、タケノコなどが詰め合わされた当地の名物駅弁「桃太郎の祭ずし」は新幹線ホームでも購入可能。

ホテルのレストランから見た岡山駅夜景。奥が新大阪方向

下りホームの博多寄りから見る。大きくカーブしている。進入しているのは「のぞみ」博多行

福山［ふくやま／フク／新大阪起点238.6(実キロ東京起点733.1)／高架］

開業 1975(昭和 50)年 3 月 10 日

連絡 山陽線、福塩線

乗場 ①博多・鹿児島中央方面／②新大阪・東京方面

memo 中国地方第四の都市・福山市の中心部にある駅。駅北側で江戸時代の史跡・福山城の石垣、やぐらを線路がかすめているので、充分な用地を確保することができず、在来線ホームの上部に新幹線ホームが設置された。このため、コンコースが 1 階、在来線が 2 階、新幹線が 3 階という、珍しい重層式高架駅となった。7 ～ 8 時台の下りホームは広島方面に向かう通勤客で混雑する。

駅南西の市営駐車場から見る。駅越しに福山城の天守閣が見える。通過しているのは「さくら」新大阪行。新幹線駅の真下に山陽線のホームがある

下りホーム博多寄りから見る。半径 3500m という、新幹線規格外のカーブ上に駅がある。右は進入中の 500 系「こだま」博多行、左は 100 系「こだま」岡山行

新尾道［しんおのみち／シオ／新大阪起点258.7（実キロ東京起点750.5）／高架］

開業 1988（昭和63）年3月13日

乗場 ①博多・（鹿児島中央）方面／②新大阪・（東京）方面

memo 尾道市と近隣の自治体、地元財界の寄付金によって駅建設費の全額である62億円がまかなわれた駅。だが、隣接する福山駅、三原駅との距離が短いことや、停車列車が「こだま」主体であること、尾道市街地とのアクセスに難があることなどから、利用は当初予測を大幅に下まわっている。駅前からは、しまなみ海道（西瀬戸尾道ＩＣ―今治ＩＣ）を経由して因島《いんのしま》、今治《いまばり》、松山方面と連絡する高速バスが発着している。

駅北西側の丘から見る。開通後に新設され、予算軽減のためにホーム屋根は中央部分しかなく、ホーム幅も両端は狭くなっている。通過しているのは「のぞみ」博多行

三原［みはら／ミハ／新大阪起点270.2（実キロ東京起点761.0）／高架］

開業 1975（昭和50）年3月10日

連絡 山陽線、呉線

乗場 ⑥博多・（鹿児島中央）方面／⑦新大阪・東京方面

memo 備後地方の拠点都市・三原市の中心部に立地する駅。戦国大名・小早川隆景《こばやかわたかかげ》の居城・三原城本丸跡に設置され、天守台跡が新幹線ホーム北側に近接しているだけでなく、城壁の多くが新幹線駅の中にある。在来線ホームは1991年に高架化され、その際、本郷―三原間の山陽線も新幹線と並行するように付け替えられた。因島、佐《さ》木《ぎ》島、生《い》口《くち》島、高《こう》根《ね》島方面の航路が発着する三原港フェリーターミナルは南方向に徒歩5分。

新大阪寄りの備後トンネル坑口上の公園から見る。併設している在来線駅は高架化されたが、新幹線よりもやや低い位置にホームがある。走っているのは「ひかりレールスター」博多行

駅北側の丘から見る。駅は三原城の城壁の真上に設置されている

東広島［ひがしひろしま／ヒヒ／新大阪起点309.8（実キロ東京起点791.9）／高架］

開業 1988（昭和63）年3月13日

乗場 ①博多・（鹿児島中央）方面／②新大阪・（東京）方面

memo 建設費用の全額を周辺自治体や地元企業が負担した駅。駅舎は酒蔵をモチーフとした平屋建築で、新幹線駅としては小ぢんまりとしたものである。駅の南口は区画整理されており、マンション、ビジネスホテル、商業施設があるが、北側はのどかな田園風景が広がる。国内最大級・直径1.5mの光学赤外線望遠鏡を有する東広島天文台は、南東方向に2.5km。

駅南側にある「東横イン東広島駅前」から見る。駅の向こうに西条市街地が広がっている

広島［ひろしま／ヒロ／新大阪起点341.6（実キロ東京起点821.2）／高架］

開業 1975（昭和50）年3月10日

連絡 山陽線、呉線、可部線、芸備線、広島電鉄〔広島駅電停〕

乗場 ⑪⑫博多・鹿児島中央方面／⑬⑭新大阪・東京方面

memo 中国地方最大の都市・広島市の玄関駅。しかし、市中心部からは離れている。全列車が停車するとともに、東京行「のぞみ」の始発・終着列車が基本的に1時間に1本設定されている。1987年には新幹線駅に隣接して広島ターミナルホテル（現・ホテルグランヴィア広島）が開業。最上階である22階のビアテラスは駅の眺望スポットとして有名。プロ野球・広島カープの新本拠地球場「MAZDA Zoom-Zoom スタジアム広島」は南東方向に徒歩10分。

駅北側のホテルから博多寄りを見る。博多寄りにある上下渡り線は駅近くになく、太田川橋梁付近にある

同ホテルから新大阪寄りを見る。右の電車は電留線から下り本線を経て内側にある上1線（13番線）に入るためシーサスポイントを渡る広島発東京行「のぞみ」。左は上り本線（14番線）を出発した「のぞみ」東京行。下り本線に進入する電車がある場合は回送線から上り本線を逆行して上1線に入線する

新岩国 ［しんいわくに／シイ／新大阪起点383.0(実キロ東京起点865.4)／高架］

開業 1975(昭和 50)年 3 月 10 日

連絡 錦川鉄道〔御庄駅〕

乗場 ①新大阪・(東京)方面(始発）／②新大阪・(東京)方面／③博多・(鹿児島中央)方面

memo 岩国市西部の御庄《みしょう》盆地にある新幹線単独駅。錦川《にしきがわ》鉄道の御庄駅が近接するものの、別駅の扱いとなっている。一日の乗降客数は平均 900 人未満と、山陽新幹線では最も少ない。かつて駅周辺には山陽道の宿場町・御庄宿が置かれていたが、駅開設時に実施された区画整理により街道筋の風情は失われている。藩政時代に建築された日本三名橋の錦帯橋《きんたいきょう》は東方向にバスで 15 分。

下りホーム中央から新大阪寄りを見る。上下渡り線のうち逆方向の渡り線は撤去されている。駅を出発しているのは 300 系「こだま」

新山口 ［しんやまぐち／シヤ／新大阪起点496.1(実キロ東京起点944.6)／高架］

開業 1975(昭和 50)年 3 月 10 日

連絡 山陽線、宇部線、山口線

乗場 ⑪新大阪・東京方面／⑫博多・鹿児島中央方面

memo 山陽鉄道(現・山陽線)の駅として開業後、長らく小郡《おごおり》駅だったが、2003 年に現在の駅名に改称されている。県庁所在地である山口市の玄関駅であり、「のぞみ」「さくら」の一部列車が停車。山口県では下関駅に次ぐ乗降客数を誇る。在来線ホームからは、山口線の蒸気機関車列車「ＳＬやまぐち」が発着する。2011 年には、2010 年に廃止された旧０番線敷地跡に、C57 形蒸気機関車の展示スペース「ＳＬひろば」が開設された。

上りホームの博多寄りから写す。駅の中心部から博多寄りは半径 4000m のカーブ上に、新大阪寄りはその緩和曲線上にある。スラブ軌道ながら緩和曲線区間でカント量を 155mm から 180mm に徐々にかさ上げしている。停車しているのは「さくら」鹿児島中央行

駅の南側にある「東横イン新山口駅新幹線口」から見る。駅の南側に、博多寄りの高架線から新大阪寄りに向かって徐々に低くなっていく保守基地の出入線がある

徳山 ［とくやま／トマ／新大阪起点451.8(実キロ東京起点903.5)／高架］

開業 1975(昭和 50)年 3 月 10 日

連絡 山陽線、岩徳線

乗場 ⑥新大阪・(東京)方面／⑦博多・鹿児島中央方面

memo 2003 年の広域合併で成立した周南《しゅうなん》市(徳山市、新南陽《しんなんよう》市、熊毛《くまげ》町、鹿野《かの》町を合併して発足)を代表する駅で、一部の「のぞみ」「さくら」が停車する。駅周辺は半径 1600m のカーブが続くことから、通過列車も 285km/h から 170km/h への減速を余儀なくされる。港湾地区に隣接する下りホームは、眺望を考慮してガラス張りの壁面になっている。国の天然記念物・カラスバトの飼育で知られる周南市徳山動物園は北東方向に徒歩 25 分。

上りホーム新大阪寄りから見る。半径 1600m という新幹線規格外のカーブ上に駅がある。通過列車は 170km/h に減速する

駅南側にある「東横イン徳山駅新幹線口」から写す。700 系「こだま」(左）をN700 系「のぞみ」が追い越している

厚狭 ［あさ／アサ／新大阪起点531.2(実キロ東京起点968.7)／高架］

開業 1999(平成 11)年 3 月 13 日

連絡 山陽線、美祢線

乗場 ⑪新大阪・(東京)方面／⑫博多・(鹿児島中央)方面

memo 山陽新幹線では最も新しい駅。難読駅名として知られている地名の由来は、古代に麻の栽培地として栄えていたこの地に「麻市」と呼ばれる市が立ったことから。駅前北口ロータリーには当地を舞台とする民話「三年寝太郎《さんねんねたろう》」の主人公の銅像が立つ。新幹線駅の開業後、新たに南口も開設された。北口から東方向に徒歩 30 分の物見山《ものみやま》総合公園は菖蒲《しょうぶ》の名所として知られ、例年 6 月には多くの観光客でにぎわう。

開業後、高架橋部分に駅を設置したため、もとの高架橋にある防音壁が残っている。700 系レールスターによる「こだま」(左）と「のぞみ」新大阪行（右）

新下関 [しんしものせき／シセ／新大阪起点557.8(実キロ東京起点992.5)／高架]

開業 1975(昭和 50)年３月 10 日
連絡 山陽線
乗場 ①博多・鹿児島中央方面(折返)／②博多・鹿児島中央方面／③新大阪・(東京)方面
memo 1901 年に山陽鉄道の一《いち》ノ宮《みや》駅として開業。1916 年に長門《ながと》一ノ宮駅と改称されてから長らくこの駅名だったが、山陽新幹線開業時に現駅名に再改称されている。「さくら」の一部列車がこの駅から折り返す。1370 年に再建された本殿が現存する住吉神社は南東方向に徒歩 15 分。東亜《とうあ》大学、下関市立大学のキャンパスが近いことから、駅周辺には学生向けのマンション、アパートが多い。

博多寄りの新関門トンネル坑口付近から見る。副本線の下２線（右端）があるが、山陰新幹線との分岐用に上２線の路盤（左端）も用意されている

新大阪寄りの石原トンネル坑口から見る。上り線の外側に引上線、下り線の外側にもう１線の線路用地がある。これらは、山陰新幹線の博多寄りから直通する本線にする予定で設けられたものである

小倉 [こくら／コラ／新大阪起点576.8(実キロ東京起点1013.2)／高架]

開業 1975(昭和 50)年３月 10 日
連絡 鹿児島線、日豊線、日田彦山線、北九州モノレール
乗場 ⑪⑫博多・鹿児島中央方面／⑬新大阪・東京方面／⑭新大阪・東京方面、博多・鹿児島中央方面(折返)
memo 政令指定都市・北九州市の中心部である小倉地区にある駅。現駅舎は 1998 年に竣工した橋上駅舎で、地上 14 階・地下３階の駅ビルを併設。さらに、駅ビルの３・４階の吹き抜け部には、北九州高速鉄道(北九州モノレール)の駅が設置されている。駅舎と周辺施設とはペデストリアンデッキで連絡。2011 年３月の九州新幹線鹿児島ルート全通時に、南口を小倉城口、北口を新幹線口に呼称変更した。

下りホームの新大阪寄りから下１線（11 番線）を見る。駅全体では半径 1200m でカーブしているが、下１線の博多寄りのホームは途中からホーム端まで直線になっている

鞍手信号場 [くらてしんごうじょう／(実キロ東京起点1035.7)／高架]

開業 1975(昭和 50)年３月 10 日
memo 山陽新幹線と鞍手保守基地との分岐点に設置された信号場で、小倉駅と博多駅のほぼ中間地点にある。周辺は大規模工場と田園地帯が混在していることから、農業用溜池が数多く残されている。鞍手の地名の由来は、当地の豪族・筑紫国造《つくしのくにのみやつこ》が馬の鞍を射抜くほどの弓の達人であったため「鞍橋君《くらじのきみ》」の尊称を天皇から下賜され、それが時代を経て「鞍手」に転訛《てんか》したとの説が有力。

博多 [はかた／ハカ／新大阪起点644.0(実キロ東京起点1069.1)／高架]

開業 1975(昭和 50)年３月 10 日
連絡 九州新幹線、博多南線、鹿児島線、篠栗線、福岡市空港線
乗場 ⑪鹿児島中央方面(折返)、博多南方面(折返)／⑫⑬新大阪・東京方面／⑭新大阪・東京方面、鹿児島中央方面、博多南方面／⑮⑯鹿児島中央方面、博多南方面
memo 九州地方最大の都市・福岡市のＪＲの玄関駅で、多数の在来線特急と連絡する。新幹線駅はＪＲ西日本、在来線はＪＲ九州が管理しているため、博多駅にはそれぞれに駅長がいる。
また、福岡市交通局(地下鉄)空港線の駅や、博多バスターミナルが併設されるなど、天神と並び福岡の市内交通の要《かなめ》となっている。プロ野球・福岡ソフトバンクホークスの本拠地「福岡 Yahoo! JAPAN ドーム」は直通バスで約 15 分。

新設の新 11 番線は 10 両編成が停車可能な行き止まり線になっていて、反対側の 12 番線に停車する東京発着の「のぞみ」と同じホームで乗り換えができるようになっている

阪急百貨店から新大阪寄りを見る。九州新幹線開通に伴い新 11、12 番線の２線の発着線が増設されたが、新 12 番線だけが山陽新幹線に直通可能になっている

博多南 [はかたみなみ／ハミ／博多起点8.5／盛土]

開業 1990（平成２）年４月１日

memo 駅所在地は福岡県春日《かすが》市だが、筑紫郡那珂川町の中心部が近い。博多総合車両所の着発１番線に片面ホームを設置。運転開始当初は下り 14 本、上り 18 本だった博多南線も、現在では下り 28 本、上り 26 本に増発され地域の足としてすっかり定着している。周辺は区画整理事業が完了し、整然とした街区になっている。南東方向に徒歩 30 分の白水大池《しろうずおおいけ》公園からは、福岡市街地が一望できる。

博多総合車両所の着発１番線に８両分の片面ホームを設置している

久留米 [くるめ／クル／博多起点35.7(実キロ東京起点1101.1)／高架]

開業 2011（平成 23）年３月 12 日

連絡 鹿児島線、久大線

乗場 ⑪博多・新大阪方面／⑫鹿児島中央方面

memo 福岡県筑後地方の中心都市・久留米市のＪＲの玄関駅。新幹線開業に先立ち駅舎が改築され、３階建ての橋上駅舎に生まれ変わった。東西双方の出入口上部には地域の特産品や草木をモチーフとしたステンドグラスが設置され、久留米の新しいシンボルとなっている。駅の北側には久留米市発祥のタイヤメーカーの雄・ブリヂストンの久留米工場があり、駅前広場には同社が寄贈したタイヤのモニュメントが展示されている。

上りホーム鹿児島中央寄りから見る。安全柵がある相対式ホーム２面２線。「さくら」鹿児島中央行が通過中

南東側にあるホテルから見る。「さくら」新大阪行が進入中で、在来線にも久大線の気動車が進入中

新鳥栖 [しんとす／シト／博多起点28.6(実キロ東京起点1095.4)／高架]

開業 2011（平成 23）年３月 12 日

連絡 長崎線

乗場 ⑪⑫博多・新大阪方面／⑬⑭鹿児島中央方面

memo 新幹線とほぼ直角に交差する相対式ホーム２面２線の在来線駅は、新幹線開業と同時に開設された。乗り換えには一度改札を出る必要がある。駅構内には地元の弁当業者・中央軒の売店があり、「かしわめし」などご当地名物弁当を販売。駅から南西方向に徒歩 15 分の朝日山公園からは、同駅新幹線ホームや鳥栖市内が一望できる。佐賀競馬場は南西方向に 2.5km。

南西から見る。長崎線とほぼ直交し、西九州新幹線との分岐ができるよう、あらかじめ準備されている。送電線の横にある高架線の突出部がそれで、ここから地上に降りるものと推測される。GCT によって長崎線と接続するときはこの上り線のみが使用されるが、西九州新幹線がフル規格で建設されるときも想定して、下り線側にも同じものを設けている

下りホームから鹿児島中央寄りを見る。両側に円筒が並んでいるのが西九州新幹線の分岐路盤。この円筒にかませてスラブ軌道が設置される

筑後船小屋 [ちくごふなごや／コヤ／博多起点51.5(実キロ東京起点1117.0)／高架]

開業 2011（平成 23）年３月 12 日

連絡 鹿児島線

乗場 ⑪博多・新大阪方面／⑫⑬鹿児島中央方面

memo 新幹線開業時に船小屋駅から現在の駅名に改称されるとともに、500m 南方向に移設された。新幹線と在来線の駅舎は約 60m 離れており、乗り換え時には一度改札外に出る必要がある。駅名となった地名の「船小屋」とは、付近を流れる矢部川の河川工事用の船を留置する小屋が 1689 年に築かれ、それが「石船小屋」と呼ばれるようになったことにちなむ。

下りホーム鹿児島中央寄りから見る。副本線の下１線（右端）がある。本線は半径 4000m のカーブになっているが、副本線は半径 2700m ときつく、このため鹿児島中央寄りのホームの幅は非常に狭くなっている

新大牟田 [しんおおむた／シム／博多起点69.3(実キロ東京起点1128.8)／高架]

開業 2011(平成 23)年３月 12 日

乗場 ⑪博多・新大阪方面／⑫鹿児島中央方面

memo 新幹線単独駅として大牟田市東部の岩本地区に設置。駅舎の内装には地域の特産品であるカルタや、地域のシンボル・大《だい》蛇山《じゃやま》祭などをモチーフとした伝統的デザインが、一方、外壁には未来へ吹き抜ける風をイメージした近未来的デザインが採用されている。駅前には西鉄バス大牟田吉野線が１時間に１本程度乗り入れ、大牟田市街地と連絡している。

博多寄りの跨線橋から見る。相対式ホーム２面２線で鹿児島中央寄りに保守基地のための渡り線がある

新玉名 [しんたまな／シタ／博多起点90.4(実キロ東京起点1145.4)／高架]

開業 2011(平成 23)年３月 12 日

乗場 ⑪博多・新大阪方面／⑫鹿児島中央方面

memo 新幹線単独駅で、玉名市の中心部とは約３km 離れている。駅名は公募され、最終候補には新玉名、新たまな、肥後《ひご》玉名、西南之《せいなんの》、湯郷《ゆのさと》菊池《きくち》川《がわ》、玉名温泉が挙がっていたが、結局、仮称駅名の新玉名が採用された。駅周辺では現在、土地区画整理事業が進められており、近い将来再開発する予定だが、現実には田畑の中に駅があり、この先もこの状態が続くと思われる。市街地には九州産交バスの路線バスがアクセスする。

博多寄りのトンネルから写す。超望遠で撮っているため急カーブ上に駅があるように見えるが、半径 5000m とゆるい

熊本 [くまもと／クマ／博多起点118.4(実キロ東京起点1167.3)／高架]

開業 2011(平成 23)年３月 12 日

連絡 鹿児島線、豊肥線、三角線、熊本市電〔熊本駅前電停〕

乗場 ⑪⑫博多・新大阪方面／⑬⑭鹿児島中央方面

memo 鹿児島線のほか、豊肥《ほうひ》線、三角《みすみ》線の列車が発着するターミナル。在来線車両基地の跡地に建設された新幹線駅舎は、熊本市の新たなシンボルとして市民に親しまれるだろう。駅構内では現在、在来線の高架化工事が行われ、2016 年度の開業を目指して工事が進められている。新幹線口駅前の広場には、大都市の駅には珍しく湧き水飲み場が設置され「阿蘇《あそ》恵みの水」と命名されている。

南東側にある「東横イン熊本駅前」から写す。駅の鹿児島中央寄りはホーム延伸ができるように準備されている

博多寄りから見る。島式ホーム２面４線で博多寄りは急カーブしている

新八代 [しんやつしろ／ヤロ／博多起点151.3(実キロ東京起点1199.1)／高架]

開業 2004(平成 16)年３月 13 日

連絡 鹿児島線

乗場 ⑪博多・新大阪方面／⑫鹿児島中央方面

memo 鹿児島ルート部分開業時の起点駅。在来線の駅舎は別棟で連絡改札口や連絡通路も設置されていないので、乗り換え時にはいったん駅舎外に出る必要がある。2011 年３月からは新八代—宮崎間に新幹線接続の高速バスが運行を開始。博多—宮崎間を最速３時間８分で結び、同区間の新たな短絡ルートが形成された。地元八代の産地直送農産物、特産品を販売する「八代よかとこ館」は南東方向に徒歩３分。

東側にある「東横イン新八代駅前」から博多寄りを見る。下に鹿児島線が交差している

仮ホーム部分の安全柵は簡易なもので可動柵も手動のため、列車が発着するたびにガードマンが開け閉めを行う

新水俣 ［しんみなまた／シミ／博多起点194.1（実キロ東京起点1241.9）／高架］

開業 2004（平成 16）年３月 13 日

連絡 肥薩おれんじ鉄道

乗場 ⑪⑫博多・新大阪方面／⑬鹿児島中央方面

memo 鹿児島線（現・肥薩《ひさつ》おれんじ鉄道線）の初野《はつの》信号場に隣接する位置に設置された駅で、新幹線と同時に肥薩おれんじ鉄道の駅も開業した。水俣の地名は、この地が２つの川の合流する（川の水が二股に分かれる）位置にあることにちなむ。駅舎の設計は前衛的な作品を数多く発表している建築家・渡辺誠《わたなべまこと》氏が担当。ホーム天井部や側壁など、随所に幾何学的なデザインが取り入れられており、開業当初大いに話題となった。

鹿児島中央寄りから見る。防音壁が高く、進入する「さくら」は屋根しか見えない

出水 ［いずみ／シス／博多起点210.1（実キロ東京起点1257.9）／高架］

開業 2004（平成 16）年３月 13 日

連絡 肥薩おれんじ鉄道

乗場 ⑪博多・新大阪方面／⑫鹿児島中央方面

memo 肥薩おれんじ鉄道とは、東西自由通路を介して連絡する。新幹線上りホームからは肥薩おれんじ鉄道出水駅に併設される検修庫、洗浄留置線、給油設備が見渡せる。駅東側に隣接する焼酎メーカー・雲海《うんかい》酒造の出水蔵では「薩摩古秘《さつまこひ》」「さつま木《こ》挽《びき》」などの芋焼酎が製造されている。北方向に徒歩 25 分の東光山公園からは出水平野が一望できる。

上りホームの博多寄りから見る。出水の新幹線駅は半径2700m の規格外のカーブ上にある

川内 ［せんだい／セイ／博多起点242.8（実キロ東京起点1290.6）／盛土］

開業 2004（平成 16）年３月 13 日

連絡 鹿児島線、肥薩おれんじ鉄道

乗場 ⑪博多・新大阪方面／⑫鹿児島中央方面

memo 人口およそ 10 万人の薩摩川内市の中心駅。駅名となっている地名は古代、瓊瓊杵尊《ににぎのみこと》がこの地に住まいを定める際に、「千《せん》の台《だい》」（高い建物のこと）を作るように命じたという故事にちなむ。近世まで「仙台」「千代」と記載されることが多かったが、江戸時代中頃から現在の表記が定着した。京セラ、中越パルプ工業などの工場のほか、九州電力の川内原子力発電所の最寄駅となっていることから用務客の利用が多い。

上りホーム鹿児島中央寄りから見る。車両基地が近くにあるが、相対式ホーム２面２線の単純な構造をしている

鹿児島中央寄りの跨線橋から見る。盛土の部分が新幹線、左は肥薩おれんじ鉄道とＪＲ鹿児島線

鹿児島中央 ［かごしまちゅうおう／カオ／博多起点288.9（実キロ東京起点1325.9）／高架］

開業 2004（平成 16）年３月 13 日

連絡 鹿児島線、日豊線、指宿枕崎線、鹿児島市電〔鹿児島中央駅前電停〕

乗場 ⑪⑫⑬⑭博多・新大阪方面（折返）

memo 長らく西鹿児島駅と称していた。2004 年の九州新幹線鹿児島ルートの部分開業時に現在の駅名に改称したが、新幹線の駅の躯体は 1996 年に九州新幹線先行事業として完成していた。その一部を駅本屋（駅舎）として利用し、旧駅本屋は解体された。当初、外壁は明るいオレンジ色であったが、2010 年に黒一色に塗り替えられ、落ち着いた雰囲気となった。

ホーム端部から見る。停まっているのは右から N700 系、800 系、N700 系

駅ビルの観覧車から見る。島式ホーム２面４線で線路はホームを過ぎてさらに延びている。列車があやまって滑走しても安全を確保する目的だが、ホームを 10 両編成分に延伸する準備でもある

路線紹介 LINE DATA

西日本旅客鉄道(JR西日本) 山陽新幹線 [にしにほんりょかくてつどう　さんようしんかんせん]

新大阪―博多[644.0km(実キロ553.7km)]

山陽新幹線は新大阪駅と博多駅を結ぶ、実キロで553.7kmの路線である。運賃などを計算する際に使用される営業キロは622.3(実際には644.0だが岩徳線経由で計算)kmとなっている。山陽新幹線の営業キロは、基本的には在来線にそろえる形になっている。山陽新幹線のうち新大阪―新神戸間は東海道線、新神戸―小倉間は山陽線、小倉―博多間は鹿児島線の別線線増扱いとなっている。

❶ 建設の歴史

1960年代半ばの山陽線は輸送力不足が顕著であった。これを改善するための山陽新幹線の建設は急務とされた。しかし、当時の国鉄は東海道新幹線の建設で財政が悪化、山陽新幹線全線を一度に建設するわけにはいかなかった。そこで、新大阪―岡山間と岡山―博多間の2回に分けて開業することになった。

新大阪―岡山間は1967(昭和42)年3月に相生《あいおい》―岡山間の帆坂《ほさか》トンネルで起工式が行われた。開業したのは1972(昭和47)年3月である。

駅一覧と停車駅

	のぞみ	みずほ	さくら(b)／ひかり(レールスター)	ひかり(a)	こだま
新大阪	○	○	○	○	○
新神戸	○	○	○	○	○
西明石	△			○	○
姫路	△		○	○	○
相生				○	○
岡山	○	○	○	○	○
新倉敷				△	○
福山	△		○	△	○
新尾道				△	○
三原				△	○
東広島					○
広島	○	○	○		○
新岩国					○
徳山			△		○
新山口	△		△		○
厚狭					○
新下関			△		○
小倉	○	○	○		○
博多	○	○	○		○

○＝停車　△＝一部停車

a＝東海道新幹線直通(通称「岡山ひかり」)

b＝一部の「さくら」は姫路駅を通過

岡山―博多間は1969(昭和44)年12月に着工、1975(昭和50)年3月に開通した。その間、1970(昭和45)年5月には「全国新幹線鉄道整備法」が公布された。岡山―博多間は山陽線と鹿児島線の線路増設線ではあるが、同法の適用を受けて同法で定められた規格で建設されることになった。

また、基本計画に定められた新幹線(以下、基本計画新幹線)が分岐を予定している箇所では、あらかじめ分岐準備構造が設置されることになった。山陽新幹線から分岐する予定の基本計画新幹線としては山陰新幹線、中国横断新幹線、四国横断新幹線、東九州新幹線

新関門トンネルを出て新下関駅を通過中の「のぞみ」

(6ページからの特集②参照)、九州新幹線があるが、新大阪―岡山間は全国新幹線鉄道整備法の公布前に着工していたので、分岐準備構造は設置されていない。一方、岡山―博多間の新下関駅と同駅の新大阪寄りの下方地区の2ヵ所で分岐する山陰新幹線、小倉―博多間の馬《ば》場《ば》山《やま》、鞍手《くらて》地区の2ヵ所で分岐する東九州新幹線については分岐準備構造が設置されている。博多駅の先にある博多車両基地(博多総合車両所)では九州新幹線との接続準備がなされていた。

❷ ダイヤ・停車駅・所要時間の変遷

1972年に新大阪―岡山間が開業したとき、東海道新幹線から1時間に2本の「ひかり」が新大阪以西に直通することになった。そのうちの1本は新大阪―岡山間をノンストップで走る「Wひかり」(「W」は「西(WEST)」の頭文字)か、新神戸駅、姫路駅のみ停車する速達タイプの「Aひかり」とされ、この2つが1時間ごとに交互に設定された。もう1本は各駅に停車するタイプの「Bひかり」が設定された。「Wひかり」の当時の新大阪―岡山間の所要時間は58分である。新大阪駅で2分停車するため、東海道新幹線東京―新大阪間の当時の所要時間3時間10分と合わせて、東京―岡山間を4時間10分で結んだ。

1975年に岡山―博多間が開業すると、岡山、広島、小倉と一部が小郡《おごおり》(現・新山口)の各駅に停車する「Wひかり」と、新神戸、姫路と岡山以西の各駅に停車する「Aひかり」が2時間に各1本、山陽新幹線内の各駅に停車する「Bひかり」が1時間に1本設定され、岡山開業時のダイヤを踏襲・延長したダイヤとなった。

このとき、「Wひかり」の所要時間は、三《み》原《はら》―博多間にあった路盤が安定していない区間を徐行運転していたこともあり、新大阪―博多間が3時間44分、東京―博多間は6時間56分となっていた。その約1年後、路盤が安定して

徐行運転が解除されると、6時間40分に短縮された。

1985(昭和60)年3月には、余裕時間や停車時間の見直しが図られ、新大阪―博多間は3時間16分、東京―博多間は6時間26分に短縮された。また、「Bひかり」は1時間に2本の運転になって、そのうちの1本は新横浜駅に停車するようになった。1986(昭和61)年11月には、東海道・山陽新幹線内は200km/h(頭打ち速度は210km/h)運転から220km/h(同225km/h)運転になり、従来より20km/h引き上げられたため、東京―博多間の所要時間は5時間57分に短縮された。翌1987(昭和62)年4月に国鉄が分割民営化され、山陽新幹線はJR西日本の路線となった。1989(平成元)年3月には100N系「グランドひかり」が登場。「グランドひかり」は山陽新幹線内だけ230km/h運転に引き上げられ、東京―博多間は5時間47分、新大阪―博多間は2時間49分と、さらに短縮された。

山陽新幹線への「のぞみ」の直通は1993(平成5)年3月に開始、この時点で東京―博多間は5時間4分、新大阪―博多間は2時間32分に短縮された。1997(平成9)年3月には300km/h運転の500系「のぞみ」が登場。この車両は、JR西日本が独自に開発したものである。新大阪―博多間の所要時間は2時間17分に短縮され、同年11月に東海道新幹線との直通が開始されると、東京―博多間は5時間を切る4時間49分で結ばれることになった。

1999(平成11)年3月には700系が登場。東海道新幹線内での最高速度は270km/hだが、山陽新幹線ではそれまでより15km/h速い、285km/h走行が開始された。新大阪―博多間の所要時間は2時間25分で、300km/h運転の500系「のぞみ」よりも最高速度が低いため、所要時間が8分長くなっている。

2000(平成12)年3月、「ウエストひかり」に代わって「ひかりレールスター」が登場した。「ひかりレールスター」の基本停車駅は新神戸、姫路、岡山、福山、広島、新山口、小倉の各駅だが、新山口駅を通過して新下関駅か徳山駅に停車するものもある。2003(平成15)年10月のダイヤ改正で、新神戸駅に「のぞみ」の全列車が停車するようになり、300km/h運転の500系「のぞみ」は新大阪―博多間で2時間23分にスピードダウンした。基本停車駅である新神戸、岡山、広島、小倉だけに停車する〝最速「のぞみ」〟は徐々に減少して現在は1本もなくなり、すべての「のぞみ」が姫路、福山、徳山、新山口のいずれか1駅にも停車している。このため、300km/h運転の「のぞみ」の新大阪―博多間の所要時間は、さらに5分増の2時間28分である。

❸ 特筆すべき車両

山陽新幹線の車両史において、特筆すべきものはといえば、やはり1988(昭和63)年3月の「ウエストひかり」の登場だろう。0系16両編成による「ひかり」定期運用の廃止とともになくなった、軽食が提供されるビュッフェが復活し、グリーン車は連結されないものの、普通車の座席はそれまでの横2&3列から横2&2列とグリーン車並みの広さとなり、利用客を増やすための対策が図られた。山陽新幹線は空路と乗客の争奪戦があり、航空機よりも快適な列車を造って対抗したのである。

三原駅の新大阪寄りを走る「ひかりレールスター」

この「ウエストひかり」に代わって2000(平成12)年3月に登場したのが、「ひかりレールスター」である。「ウエストひかり」と同じ8両編成で、グリーン車とビュッフェ車はないが、新大阪寄りに4人用の半個室が4室設置された。グリーン車の代わりとして、この4人個室は「フルムーン夫婦グリーンパス」を利用する夫婦2人のみでの使用が認められている。座席の配列は指定席が横2&2列、自由席が横2&3列となっている。

なお、2011(平成23)年3月に九州新幹線が全通する前から500系は「のぞみ」の運用から外され、16両から8両に編成を短くして「こだま」に使用されるようになった。また、「さくら」が新しく設定されたことにより、運転本数が減った「ひかりレールスター」用700系も「こだま」として走ることが多くなった。100系も残っているが6両編成のみとなっている。山陽新幹線の100系は0系(2008[平成20]年に全廃)と同様、すべて横2&2列になっている。

❹ 山陽新幹線雑学

山陽新幹線は東海道新幹線と比べると輸送需要が格段に低い。そのため、16両編成の「のぞみ」は山陽新幹線の区間に入ると乗客が減る。しかし、自由席は別である。3両しかないので、ほぼ全区間にわたって混んでいる。

また、携帯電話での通話は不便である。東海道新幹線ではトンネル内でも通話は可能だが、山陽新幹線ではできない。無線LANのサービスもないため、パソコンのインターネットやメールも使用不可である。

東海道・山陽新幹線直通列車は、アテンダントを含めてすべての乗務員が新大阪駅で交代する。このため、車内販売の品目が新大阪駅を境に異なる。

山陽新幹線を走る「のぞみ」では、ときおり運転士が「現在、300km/h走行中」などと、飛行機の機長がフライト中に行うのと同様に、乗客にアナウンスすることもある。また、東京行の「のぞみ」に岡山以西で乗って、岡山駅または姫路駅を出発すると、新大阪駅に到着するまでの間に専門スタッフが座席などにあるゴミを集めに回ってくる。東海道新幹線へゴミを持ちこさないための配慮である。なお、同様の配慮として、東海道・山陽新幹線を通して利用する乗客に面倒をかけないよう、車内改札はいずれか一度だけ行うことになっている。そのため、チェックした車掌カードは新大阪駅で交代する車掌に引き渡される。

西日本旅客鉄道(JR西日本) 博多南線 [にしにほんりょかくてつどう　はかたみなみせん]

博多—博多南[営業キロ8.5km]

博多南線は博多駅と博多南駅を結ぶ8.5kmの路線である。その大半は九州新幹線と共用し、博多南駅はＪＲ西日本の博多車両基地内の電留線を使用している。このため、完全に独立した路線ではない。

博多車両基地がある那珂川《なかがわ》町は鉄道空白地帯で、住民はバスで鹿児島線や西鉄線の駅まで行って乗り換えていた。そこで、地元自治体が、博多—博多車両基地間の回送線を旅客化できないかとＪＲや国に要望。1990(平成２)年に博多南線として開業した。

車両には新幹線電車が使われるが、路線としては在来線扱いである。国鉄分割民営化時の申し合わせにより、ＪＲ西日本は九州島内で営業できないことになっていたため、長らく博多南線の営業はＪＲ九州が代行していたが、九州新幹線が開通する１ヵ月前から、博多南線はＪＲ西日本が営業することにＪＲ九州が同意し、現在はＪＲ西日本の社員が博多南駅を管理している。なお、博多駅から博多車両基地までの九州新幹線も、博多南線とともにＪＲ西日本の管轄になっている。

九州旅客鉄道(JR九州) 九州新幹線 [きゅうしゅうりょかくてつどう　きゅうしゅうしんかんせん]

博多—鹿児島中央[288.9km(実キロ256.8km)]

九州新幹線は、博多駅と鹿児島中央駅を結ぶ実キロ256.8km、営業キロ288.9kmの路線である。ちなみに、2011(平成23)年３月に開業した博多—鹿児島中央間は「九州新幹線鹿児島ルート」が正式名称。この他、新鳥栖《しんとす》—長崎間には九州新幹線西九州ルートの開業が予定されており(68ページからの特集③参照)、これら２線を総称した路線名が九州新幹線である。

博多—新八代《しんやつしろ》間と川内《せんだい》—鹿児島中央間は鹿児島線の複々線化による線増線扱いとして、新八代—川内間は鹿児島線の線路付け替えによる線路改良扱いとして開業。鹿児島線の八代—川内間は、九州新幹線の部分開業(新八代—鹿児島中央間)の前日にいったん廃止となり、その翌日に鹿児島線が新幹線の線路に付け替わったという形である。そのため、新八代—川内間は、実キロイコール営業キロになっている。また、九州新幹線開業と同時に八代—川内間に開業した肥薩《ひさつ》おれんじ鉄道は、「並行在来線」としてＪＲから第三セクターが営業を引き継いだ「しなの鉄道」などとは異なり、一度廃止した路線を翌日に譲受した形となる。

❶ 建設の歴史

九州新幹線鹿児島ルートは、1972(昭和47)年７月に基本計画が決定、翌1973(昭和48)年11月に同長崎ルートや東北新幹線盛岡—新青森間とともに整備新幹線に昇格すると同時に、運輸省(現・国土交通省)から国鉄に建設指示がなされた。

国鉄は鹿児島ルートについて1983(昭和58)年までにルート選定作業を終え、1984(昭和59)年にルートを公表している。その後、国鉄が分割民営化され整備新幹線の建設はいったん凍結されたが、そのときに建設主体は鉄道建設公団に変更された。

当時、運輸省鉄道局は各整備新幹線を同時に建設するほどの財源を持ち合わせていなかったため、建設費圧縮の研究がなされた。その結果、1991(平成３)年４月に新たな建設スキーム「暫定整備計画」が策定され、全国新幹線鉄道整備法もこれを盛り込むよう改正された。

この暫定整備計画によって、鹿児島ルートは新八代—西鹿児島(現・鹿児島中央)間に新幹線規格新線(狭軌だが、いずれは標準軌に昇格させることを前提としている。詳細は巻末の「鉄道用語解説」を参照)として建設することが決定した。正確には鹿児島線(現・肥薩おれんじ鉄道)八代駅の西鹿児島寄り２kmのところに南八代信号場を新設し、ここで新幹線規格新線と鹿児島線を接続させることとなった。新幹線規格新線内の「スーパー特急」の最高速度は200km/hとした。

スーパー特急は狭軌であるため、途中の一部区間で在来線に乗り入れることも可能である。そのため、新幹線規格新線が通らない阿久根《あくね》駅の前後区間(出水《いずみ》—川内間)で鹿児島線を経由する列車の設定など、弾力的な運行が期待されていた。

その後、船小屋《ふなごや》(新幹線の駅は開業時に「筑後《ちくご》船小屋」に改称)—南八代信号場間も新幹線規格新線となって1998(平成10)年３月に着工。なかでも新八代—南八代信号場間が優先して建設された。新八代—西鹿児島間を先行開業することが決まったためである。鹿児島線から新幹線新八代駅への連絡線も設置することにした。これで、博多方面からのスーパー特急を、この連絡線経由で新幹線規格新線に直通できることになる。

一方、当時、標準軌と狭軌の線路を行き来できる軌間可

熊本駅を出発する「さくら」（左）と停車中の「つばめ」（右）

変電車 GCT(Gauge Change Train ／フリーゲージトレイン)が開発中だった。先行開業時にこの GCT の実用化が間に合えば､新八代駅の連絡線に軌間変換装置を設置して、博多―西鹿児島間の新幹線・在来線直通列車を走らせようという動きも出てきたのである。相対式ホーム２面２線の駅として建設した新八代駅に GCT 連絡線をつなぎ、連絡線上に上下２組の軌間変換装置を設置するつもりだった。なお、標準軌と狭軌を行き来できる GCT を使うということは、すなわち、新八代―西鹿児島間の新幹線を新幹線規格新線ではなく、標準軌で敷設することを意味する。

しかし､GCT の実用化は先行開業に間に合わなかった。新八代駅の上り線連絡線には試験用の軌間変換装置を置いたが、下り線連絡線には置かれないまま、新幹線 12 番ホームの反対側の発着線まで伸ばして在来線特急が乗り入れるようにした。もちろん、いつ GCT が実用化されてもよいように、この狭軌発着線はいつでも標準軌化できるように準備されていた。

新八代駅とは対照的に、船小屋駅(当初は新幹線駅の設置予定はなかった)には軌間変換装置や連絡線を設置する準備がないだけでなく、取付線の着工すらされなかった。GCT の実用化や新幹線規格新線ではなく、博多駅まで一気に全線フル規格で開業する方向に変わったからである。

博多―船小屋間は 2001(平成 13)年４月に認可された。同時に博多―鹿児島中央間の全区間が標準軌新線、つまりフル規格に正式に変更された。

新八代―鹿児島中央間は 2004(平成 16)年に開業。新幹線電車｢つばめ｣と博多―新八代間の特急｢リレーつばめ｣が新八代駅の同じホーム上で乗り換えできるようになった。そして 2011 年３月の全線開業を迎える。

❷ ダイヤと最高速度

九州新幹線の最高速度は 260km/h、ATC はデジタル方式(以下、デジタル ATC)が採用された。先行開業時のダイヤパターンは１時間に１本、各駅停車タイプの運転が基本で、朝・夕とその前後のみ、博多―鹿児島中央間ノンストップ、あるいは川内駅のみ停車する速達タイプと、各駅停車タイプが１時間に各１本の計２本になる形だった。しかし、2004 年の先行開業当初は開業フィーバーにより利用客が集中することが想定されたため、暫定的に終日１時間２本運転のダイヤパターンが採用された。ところが、九州新幹線の利用客は当初想定を大きく上回ったため、結局九州新幹線が全線開通するまで、この暫定ダイヤは続いた。2011 年３月に九州新幹線(鹿児島ルート)が全通、山陽新幹線と直通運転を開始した。直通列車は｢みずほ｣と｢さくら｣と命名された。

駅一覧と停車駅

	みずほ	さくら	つばめ
博多	○	○	○
新鳥栖		△	○
久留米		△	○
筑後船小屋		△	○
新大牟田		△	○
新玉名		△	○
熊本	○	○	○
新八代		△	○
新水俣		△	○
出水		△	○
川内		○	○
鹿児島中央	○	○	○

○＝停車　△＝一部停車

直通列車の最高速度は山陽新幹線が 300km/h、九州新幹線が 260km/h となった。九州新幹線内で 260km/h 走行となったのは、整備新幹線の最高速度が 260km/h と定められており、ATC 信号など各種施設もそれ以上の速度の運転を想定して造られていなかったことによる。しかし、線路については 300km/h 以上の運転を想定した構造になっている。なお、博多―博多車両基地間は博多南線の列車が走るためか、120km/h 制限となっている。

❸ 今後の課題と展望

東北新幹線もそうだが、東海道・山陽新幹線などと異なり、すべての駅は停車線と通過線とに分けられていない。通過する列車からホームにいる人の安全を確保する手立ては、可動扉付きの安全柵(ホームゲート)によっている。この設備については 260km/h 程度ならまだしも、300km/h 以上になると不安が残る。

実際に、東北新幹線では通過線がない駅では 270km/h を最高速度にしている。建設費の削減が優先され、通過線の設置をしなかったためにスピードアップができないという、新幹線としては致命的な欠点を残す結果となった。しかし、線路については 300km/h 以上を想定した造りになっている。将来的には、屋根まですっぽりと覆うホームドアを設置する必要があるだろう。

新八代駅にある旧「リレーつばめ」の発着線には、当初から標準軌のためのレールが設置できるようになっている。GCT が実用化された場合に使用される予定のもので、今後は標準軌のためのレールを設置して３線軌化し、保守用側線にする予定である

元祖「0系」から最新「N700系」まで徹底分析！

山陽・九州新幹線
車両図鑑

最高速度220km/hの100系から300km/hの800系、
そして、世界の新幹線の〝元祖〟として、
現在に続く鉄道の新時代を築いた0系も掲載！
山陽と九州を高速で駆け抜ける〝名優たち〟の素顔に迫る!!

西明石駅ですれ違うN700系「さくら」と100系「こだま」。N700系のほうが車両の高さが低い

0系
1964年—2008年

1964(昭和39)年10月1日の東海道新幹線の開業以来、3216両が製造された。白地に青色帯の配色は、青空と白い雲からイメージされた。0系のシンボルともいえる、先頭の円形部分は「光前頭灯」といい、緊急時に使用する連結器が収納されていた。

華々しくデビューした〝夢の超特急〟0系は、東海道・山陽新幹線の主力として、「ひかり」と「こだま」で40年以上にわたり運用された。しかし、100系の登場と老朽化から1999(平成11)年には東海道新幹線から引退、山陽新幹線のみの運転となる。

山陽新幹線では、車両内に小さな子どもが遊べるこどもサロンを設置した「ファミリーひかり」という編成も登場、子ども連れの乗客でにぎわった。「ひかり」としての運転は2000(平成12)年に終了し、その後は「こだま」だけに使用され、編成両数も4両と6両に短縮、青い帯の色も緑色系に変更された。2008(平成20)年12月14日が〝ラストラン〟となったが、直前に一部の編成を白と青色のオリジナル塗装に戻して、最後の花道を飾った。最高速度は当初は200km/h(頭打ち速度は210km/h)だったが、最終的には220km/hに引き上げられた。

岡山駅に進入する4両編成の0系「こだま」新大阪行

0系「ファミリーひかり」の車内。車内にこどもサロンが設置された

0系デビュー時の転換クロスシート

JR西日本塗装の0系。新山口駅にて

100系
1985年—

0系のマイナーチェンジ形式。登場時は16両編成で、編成中央には2階建て車両が2両（ＪＲ西日本が独自に開発した「グランドひかり」用は4両）連結されていた。1992（平成4）年に300系「のぞみ」が登場した後、徐々に「こだま」に使われるようになり、2003（平成15）年には「ひかり」での使用はなくなった。また、2000（平成12）年以降には山陽新幹線の「こだま」用に使用され、4両または6両に短編成化。塗色は灰色をベースに窓まわりが黒、窓下に黄緑の帯が入るものに変更された。

現在の100系ＪＲ西日本塗装車

岡山駅に進入する「グランドひかり」

100系「グランドひかり」の食堂車

「こだま」用は全車普通車でグリーン車はなく、座席は横2＆2列となっている。すでに全車廃車が決定しており、一部の車両はデビュー当時の白地をベースに窓まわりが青色の塗装に復元されている。現在の最高速度は220km/hだが、山陽新幹線で運転されていた「グランドひかり」は230km/hだった。

300系
1992年—

「のぞみ」用車両として登場した初の形式。現在も16両編成で運用され、12両が電動車、4両がモーターなしの車両である。ＪＲ東海・ＪＲ西日本の両社が所有しており、共通運用されている。現在は基本的には東京—岡山間を走る通称〝岡山ひかり〟に使用されているが、不定期の「のぞみ」にも使用される。

新山口駅にて

編成の後方車両に乗ると蛇行動（横揺れ）が強く、特に長大トンネルに入ると激しくなる。これは、編成全体の揺れが後方車両にたまるためである。これを緩和すべく、一部には500系以降に採用された「車体間ダンパー」を取りつけた車両もある。最高速度は東海道新幹線では270km/hだが、山陽新幹線では275km/hとなる。

小倉駅を発車した「のぞみ」東京行

500系
1997年—

300km/h運転用に開発された、オール電動車の車両。先頭部のデザインはくさび形で、運転室のガラスはジェット戦闘機の風防のように3次元曲面ガラスが入るという、スタイリッシュなものが採用された。流線形部分が客室まで食い込むことから、他形式と編成全体の定員を近付けるために先頭部の乗客用扉がない。

車体断面が円形なので室内が狭く感じられ、運転台の位置が低いために前方の視認性も劣るなどの点をＪＲ東海は問題視し、N700系の大量増備が開始されると、東海道新幹線への直通中止が決定。山陽新幹線の「こだま」用に改造され、編成も16両から8両へと短くなった。

2008（平成20）年に「こだま」に転用されてからは全席禁煙になった。その一方、喫煙室は広めのスペースが確保されている。また、新大阪寄り乗務員室後方の客席に「運転シミュレータ」を設置し、乗客が自由に遊べるスペースとした。320km/h走行が可能だが、「こだま」専用となった現在の運転最高速度は285km/hである。

500系は16両編成から8両編成に短縮、「こだま」用になった

500系の16両編成も現存している

500系の車内にある「運転シミュレータ」

700系
1999年―

700系「ひかり」の16両オリジナル編成。相生―岡山間

山陽線（下）と交差する700系「ひかり」。相生駅にて

500系の次に登場した形式。その間にあるべき600系は、ＪＲ東日本のＥ１系である。当初600系にする予定だったが、登場前に同社が独自の付番方法に変更したため、600系は欠番となった。

この700系は300系の欠点を克服し、500系よりも車両製造コストを抑えた車両である。先頭形状をアヒルのくちばしのようにして流線形部分を短くした。アヒルのくちばし部分は防音壁の下に位置するよう設計され、先頭部の風切り音を極力外部に出さないようにしている。ＪＲ東海がイニシアティブをとって設計した車両だが、ＪＲ西日本所属の車両もある。ＪＲ西日本の700系は、320km/h走行でも揺れが少ない500系と共通の台車と走行機器を採用、ＪＲ東海の700系よりも揺れが少ない。なお、500系普通車のシートピッチ（座席の前後の間隔）は300系や700系よりも20mm短いが、シート背面の厚みを快適性を保ったまま薄くしたり、テーブルを降ろしたままでも脚が組める程度にシート背面のテーブル位置を高くしている。ＪＲ西日本の700系も同じ座席を採用、ＪＲ東海の700系では組めなかった脚が、組めるスペースを確保した。車内チャイムも、ＪＲ東海車は「AMBITIOUS JAPAN！」、ＪＲ西日本車は「いい日旅立ち」と異なる。最高速度は東海道新幹線で270km/h、山陽新幹線では285km/hである。

レールスター用 700系
2000年―

0系をＪＲ西日本が独自に改良、山陽新幹線で運行していた「ウエストひかり」が好評だったことから、700系の車内設備を「ウエストひかり」バージョンに変更、８両編成にして、愛称「ひかりレールスター」としてデビューさせた車両である。

すべて普通車で指定席車の座席は横２＆２列、新大阪寄りの８号車には狭いながらも個室がある。また、５号車は緊急時以外には車内放送を流さない「サイレンス・カー」となり（現在はサービスを終了している）、全車にわたってパソコンなどが使えるようデッキ寄りの端部の座席にコンセントが設置された。

小倉駅を出発する「ひかりレールスター」

700系「ひかりレールスター」の1号車

「ひかりレールスター」にある個室

岡山駅を出た923形総合試験車。軌道や電気系統の試験を行う車両で、700系をベースにつくられている

九州新幹線直通の「さくら」は、基本的にこの「ひかりレールスター」のスジ（９ページの「ダイヤグラムの見かた」を参照）に設定されたため、レールスターは取って代わられて車両が余り、現在「こだま」にも使用されている。

最高速度は285km/hで、「こだま」運用時にもこの速度での走行が可能だが、「こだま」のほとんどのスジは100系に合わせているため、「こだま」に転用された500系と同様に220km/h程度で走ることが多い。この速度での乗り心地は非常によい。

N700系
2007年―

500系に代わり、山陽新幹線で最高速度300km/h、東海道新幹線で270km/h走行する車両。東海道新幹線に多くある半径2500mの曲線区間を通過するとき、従来車は255km/hに速度を落としていたが、N700系では車体を１度傾ける装置を設置したことから270km/h走行が可能になった。

正面スタイルは700系と同様に〝アヒルのくちばし〟タイプだが、先頭車だけ車体の中央あたりから運転席部分までの車体高を低くするなどの改良を行った。このため、700系と同じ定員を確保しながらも300km/h走行時（特にトンネル突入時）の騒音が抑制できている。また、本形式もＪＲ西日本とＪＲ東海では台車・機器が異なっている。いずれも乗り心地を改善しているが、山陽新幹線での300km/h走行では、ＪＲ西日本の車両のほうが揺れは少ない。なお、N700系では先

東広島駅を通過するN700系「のぞみ」

頭車2両にモーターがついていない。

居住性を向上させるため、車体側面の厚みを薄くして、車内幅を広げた。その半面、側面の窓が小さくなり、車窓の視界は悪くなっている。また、普通車の壁側の座席とグリーン車の全席に100Vコンセントを設置。グリーン車の座席形状も改善され、長時間の乗車に伴う疲労軽減を果たしている。

山陽・九州直通用 N700系
2011年—

山陽新幹線と九州新幹線直通用として登場した、8両編成のN700系。基本的には16両編成のN 700系をベースにしているが、台車・機器はJR西日本のものが使用され、九州新幹線にある35‰《パーミル》の急勾配区間に対応するためオール電動車になっている。「ひかりレールスター」の代替列車とされており、同様に普通車指定席は横2&2列になっている(自由席車は従来通りの横2&3列)。また、「ひかりレールスター」にはなかったグリーン車が設置された。東海道・山陽新幹線を直通する「のぞみ」に比べると、この区間のグリーン席の需要は小さいために、グリーン車のスペースを普通車と半室で設置した〝合造車〟となっている。グリーン車も横2&2列なので、座席の快適性は見た目では変わらない。しかし、座面の1人分の長さが普通車の460mmに対して、グリーン車は475mm、シートピッチも普通車の1040mmに対して、グリーン車では1160mmになっている。

久留米駅を通過するN700系「さくら」

N700系「さくら」の喫煙室

N700系「さくら」の普通車指定席車内

従来の「のぞみ」用N700系と異なり、普通車用喫煙室のスペースはたっぷり確保されるとともに、多目的室や車椅子対応トイレも独自のデザインが採用され、広々している。輸送量が東海道新幹線に比べて格段に小さいために、ゆったりとした設計が可能となったのである。最高速度は山陽新幹線で300km/h、九州新幹線で260km/hである。

800系
2004年—

九州新幹線(鹿児島ルート)の新八代—鹿児島中央間が開業したときに投入された車両である。基本的には700系をベースにしているが、最高速度を260km/hとしたため、「エアロストリーム」と呼ばれる先頭形状が採用された700系とは異なり、ドイツの電車タイプの車両(ICE3)のような、ヨーロピアンスタイルの丸みを帯びたスタイルとなった。

普通車のみのモノクラス・6両編成である。700系は4両1ユニットで、うち1両にモーターがついていなかったが、これに対し800系では6両編成化に伴う機器配置の変更や、鹿児島中央駅付近の35‰の急勾配に対応するためにオール電動車となった。さらに、台車はJR西日本の700系と同じものを使用している。

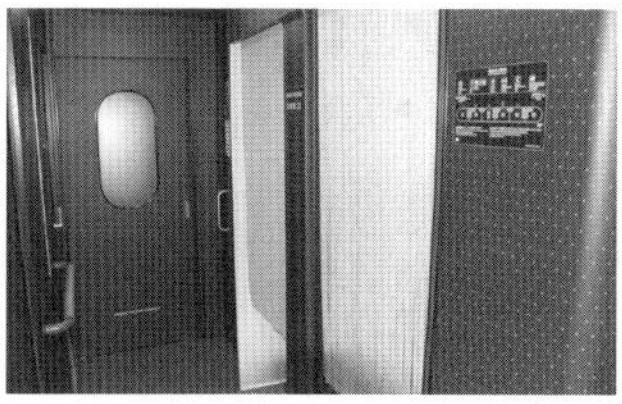

800系サニタリールーム入口にある、八代産い草を使った縄のれん

800系の車内

座席はすべて横2&2列。側窓の日よけにはサクラ材のロールブラインドを用いるなど、デザインにも工夫を凝らしている。基本的に九州新幹線内を走るが、デジタルATCはアナログATCにも対応できるため、まだデジタルATC化されていない山陽新幹線に直通することも可能。なお、山陽新幹線には260信号(260km/h走行許可信号)がないために220信号を受け、これを230信号に読み替え(コンピュータによる変換)ており、最高速度は230km/hになる。

熊本駅を出発した800系「さくら」

大解剖！鳥飼車両基地

鳥飼車両基地の全景。右側が東海道新幹線、写真の奥が東京方面

鳥飼《とりかい》車両基地は、新大阪駅の東京寄りに置かれている。東海道、山陽、九州(鹿児島ルート)の各新幹線の駅、車庫、保守基地は東京起点で表示され、この車両基地は東京起点500.0km の地点にある。

鳥飼車両基地は東海道新幹線を運行するＪＲ東海に所属するが、山陽新幹線の車両も留置されている。新大阪寄り 21 番線から 36 番線までの 16 線が電留線で、各線の長さは約 400m・16 両編成の新幹線電車が余裕を持って入れるよう、430m 以上が確保されている。29 番線から 34 番線がやや新大阪寄りに伸びているのは、他の線路と分岐する位置が新大阪寄りのためである。山陽新幹線を走る８両編成の「ひかりレールスター」が留置されると、16 両編成対応の長い線路は持てあまし気味に見える。なお、山陽新幹線の 100 系６両編成と「さくら」用 N700 系はめったに留置されない。

電留線の北側には 37 番引上線と組替１、２番線がある。37 番引上線は検修庫などへ入線するためのものである。組替線は車両編成を変えるためのもので、編成の中間に新

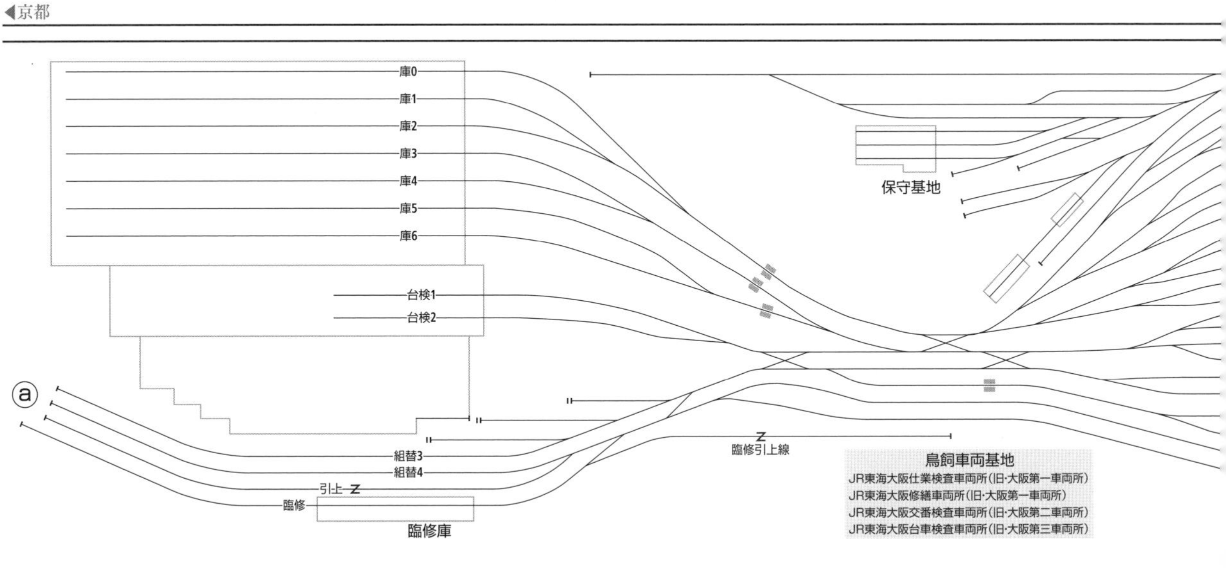

図中ⓐから伸ばして本線と交差する地点に準備されている、京都方面からの入出庫線の立体交差施設。開業時から造られているが、現在はそのまま放置されている

たな車両を組み込む際に使用される線路である。

電留線群の東京寄りには１番保守基地着発線と２～18番線までの着発線があり、電留線を兼ねている。その北には通路19、20番線、検修庫７、８番線、研削１、２番線がある。

さらに東京寄りには保守基地や、検修庫の０～６番線がある。１番線の南側に検修庫線が増設されたとき、検修庫の線路番号の変更を避けるため、増設線路は０番線となった。検修庫線の北側に台車検査線、組替線があり、その北に臨修線がある。

山陽新幹線車両の検修は岡山、広島、博多の各車両基地で、九州新幹線車両の検修は熊本、川内の各車両基地で行っているため、鳥飼車両基地では行われていない。

新幹線の形式はどうやってつけられているのか？

新幹線の車両が０系しか存在しなかった時代、同形式は「０系」とは呼ばれていなかった。時代を経るにつれ、０系には様々なバリエーションが登場したので、便宜上「21形」などの形式称号か「第何次車」という呼称が使われていた。「０系」という呼び方が定着したのは、マイナーチェンジ車の100系が登場してからである。

ところで、「100系」の呼称に対応させるならば「０系」ではなく「000系」となるべきであったが、そうはならなかった。逆の言い方をすれば、「０系」の呼称を採用するなら、100系は「１系」とすべきだろう。ＪＲ東日本はこの考え方で、EAST（東）の頭文字をつけた「Ｅ１系」から、新幹線車両の新たな形式命名方式を作ったのである。

100系の次に誕生したのは東北新幹線用の200系で、ここまでは国鉄が造った車両である。次に登場した、初の「のぞみ」用となった300系はＪＲ化されてからのデビューとなったが、これも国鉄時代に開発された車両だった。山形新幹線「つばさ」用400系、そして500系はＪＲになってから開発された車両である。そして、先述のように「600系」は「Ｅ１系」に変更したため、欠番となっているわけである。

鳥飼車両基地に停車中の951形試験車２両編成（右手前）。当時の国鉄が260km/h走行を目指して開発した951形は、奥の０系よりも先頭の鼻先がやや長くなっている（1971［昭和46］年撮影）

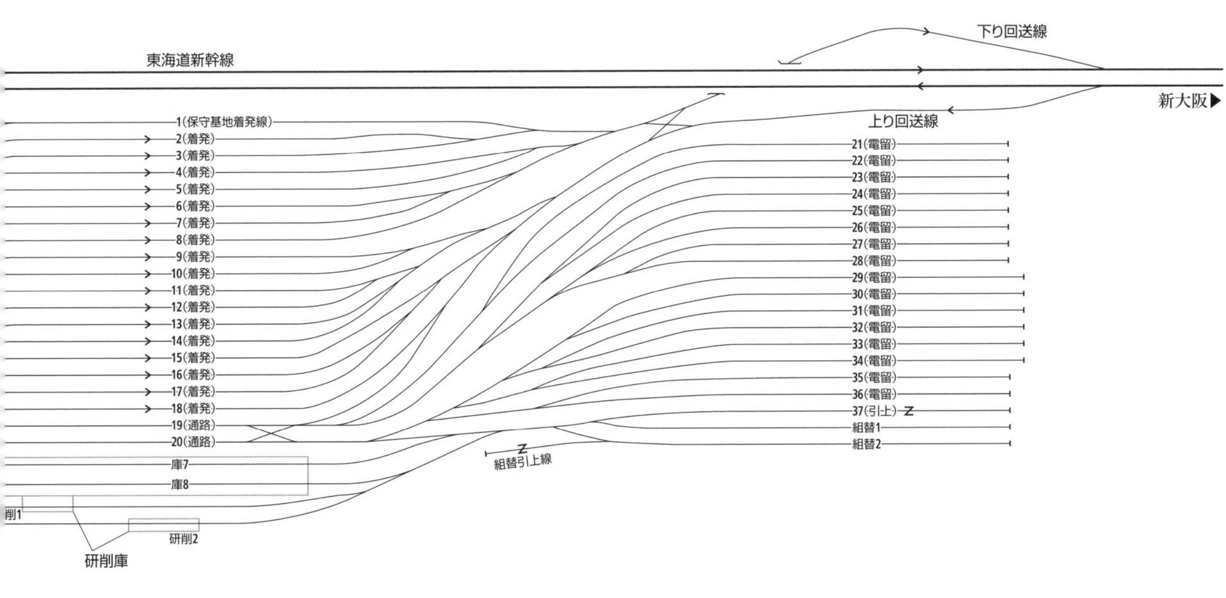

北は青森へ、南は鹿児島へ。そして、西は長崎へ。
新幹線はいまこの瞬間も延び続けている。
西九州エリアで建設が進む「新しい新幹線」の
過去・現在・未来を追ってみよう。

特集❸ 未完の九州新幹線計画
「西九州ルート」開業への"切り札"

武雄温泉の新幹線駅用地を示す標柱。通常、駅では中心位置に立てるものだが、武雄温泉駅の中心は現在、通路になっているため立てられず、そこから5mの位置に「武雄温泉起点0km005m」の標柱を立てている

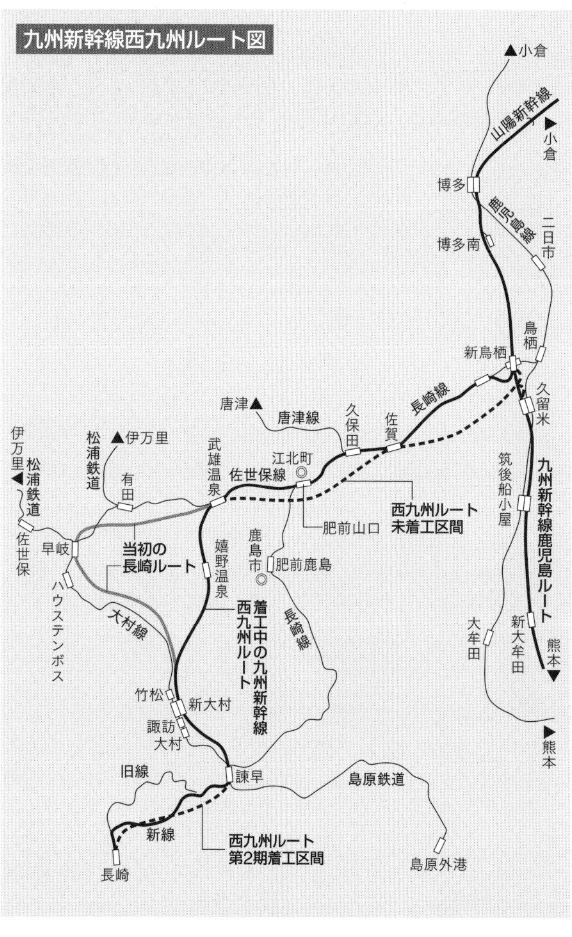

九州新幹線西九州ルート図

2011（平成23）年3月12日、博多—新八代《しんやつしろ》間の開業により、九州新幹線（鹿児島ルート）は全線開業した。東京を起点に青森から鹿児島まで、新幹線網がつながった歴史的瞬間であった。

その陰で、さらに「新しい新幹線」が誕生の時に向けて前進している。しかし、道のりは決して平坦なものではない。その新幹線とは、鹿児島ルートの新鳥栖《しんとす》駅から分岐して長崎方面へ向かう「西九州ルート」である。

「長崎ルート」としてスタート

西九州ルートは、「全国新幹線鉄道整備法」に基づく「基本計画新幹線」として、福岡市と長崎市を結ぶルートが1972（昭和47）年12月に告示された。当初の正式名称は「九州新幹線長崎ルート」だった。

当初のルートは、以下のとおりである。まず、博多駅から新鳥栖駅までは鹿児島ルートと共用、新鳥栖駅から分岐して長崎線の南側を通って佐賀駅に達する。その先は同線とほぼ並行して肥前山口《ひぜんやまぐち》駅を経て、ここからは佐世保《させぼ》線、大村《おおむら》線と並行して早岐《はいき》駅、大村駅付近を経て諫早《いさはや》駅へ。さらに、再び長崎線と並行して長崎駅に至る、というものであった。

ちなみに、長崎ルートの分岐駅となっている新鳥栖駅は、上記の鹿児島ルート全通と同時に開業しているが、当初の鹿児島ルートには設置予定がなかった駅である。新鳥栖駅は、博多方面から来る新幹線の分岐用に、長崎ルートの駅として設置するとされていた。なお、分岐駅を新鳥栖駅だけにしてしまうと、鹿児島方面から来た新幹線は一度スイッチバックしなくてはならない。そこで、久留米《くるめ》駅を鹿児

島方面からの長崎ルートの分岐駅とした。

国鉄分割民営化による〝足止め〟

西九州ルートが「整備新幹線」に昇格したのは、1973(昭和48)年11月である。1985(昭和60)年には博多―長崎間のルートが発表され、1986(昭和61)年には環境影響評価(環境アセスメント)も公表されて、あとは着工待ちというところまできていた。

しかし、1987(昭和62)年の国鉄分割民営化によって、すべての整備新幹線の建設が延期されてしまう。新たな新幹線を開通させても、どうせ赤字路線となるだけで予算の無駄であるという世論が高まり、着工にストップがかかったのである。

こうした動きを受けて、運輸省(現・国土交通省)は、1988(昭和63)年に建設費が圧縮できる「暫定整備計画」を発表。一部の区間で①狭軌の〝スーパー特急〟が走る「新幹線規格新線」や、②在来線を標準軌化したうえで〝ミニ新幹線電車〟を走らせる「新幹線直通線」の、2つの暫定整備規格の新幹線を導入することにした。「長崎ルート」については「早岐―諫早間を新幹線規格新線として建設し、新鳥栖―早岐間を在来線のままとする」ことになった。

武雄温泉起点は写真の通路のやや左側である。右に「起点0km005m」の標柱が立っている

標柱の矢印が終点(長崎)に向かっての進行方向。すでに用地は確保されており、右に在来線の駅がある

武雄温泉駅の新鳥栖寄りも用地(手前の駐車場から奥にある土手の方向に向かって)が確保されている

スピードが出せない新幹線？

しかし、当時はスーパー特急の最高速度は200km/h(その後、250km/hに引き上げる開発目標が発表された)だった。この速度で早岐―諫早間を走ったとしても、鳥栖付近から早岐駅の間はスピードの出せない在来線を走ることになり、時間短縮の効果が出ない。

そこで、長崎県が国と相談のうえ、費用対効果の高いいくつかの短絡ルートを検討。結果、最も有利な佐世保線の武《たけ》雄《お》温泉《おんせん》駅から早岐駅を経由せずに諫早駅に至るルートを決定した。これで、博多―長崎間の到達時間が短縮されることになった。同時に、それまで鉄道の恩恵を受けられなかった嬉野《うれしの》温泉周辺も通ることになった。

ところが、この短絡ルートでは、博多―佐世保間の到達時間がほとんど短縮されない。そのため、佐世保市の長崎ルート建設促進の熱意は急速にさめてしまう。

一方、短絡ルートから完全にはずれる形となる江北《こうほく》町、鹿島《かしま》市など、佐賀県南部にある長崎線沿線の自治体は、短絡であろうとなかろうと、長崎ルートそのものに絶対反対の立場だった。整備新幹線が開業すると、並行在来線は基本的にＪＲから経営分離する(つまり、地元自治体による第三セクター運営か廃止になる)からである。さらに、スーパー特急は博多―武雄温泉間は在来線を走行するため、この区間の各駅も時間短縮にならない。そのため、佐賀市や佐賀県も、長崎ルートの建設に及び腰となっていった。

工事起点は武雄温泉駅から約1km新鳥栖寄りにあり、ここで佐世保線(右の高架)から分岐する

だが、新幹線建設に沿線自治体の同意は不可欠である。そこで、国と長崎県は沿線自治体の理解を得るために動き始めた。まず、〝長崎市や長崎県のための新幹線〟というイメージが強い「長崎ルート」の名称を「西九州ルート」に変更。さらに、運輸省が開発しているフリーゲージトレイン(軌間可変電車／以下、GCT)を導入し、博多駅から新鳥栖駅まで新幹線を走らせることで、博多―佐賀間の時間短縮を図ることにした。

嬉野温泉駅中心を示す標柱

嬉野温泉駅の標柱の武雄温泉方向を見る。用地の一部はまだ買収されていない

新幹線嬉野温泉駅を示す看板

嬉野温泉駅の諫早寄りにある俵坂トンネル5450mは掘削工事中

なお、鹿島市・江北町の反対については、まだ完全には決着していない。並行在来線の経営分離に関しては「肥前山口―肥前鹿島間については、新幹線開業後も20年間はＪＲ九州が運行し、博多―肥前鹿島間に特急も走らせる」という条件をつけて、渋々ながらも同意させた。

こうして、なかば強引に押し切った形だが、西九州ルートは2008(平成20)年4月に武雄温泉―諫早間で着工。諫早―長崎間も近々着工される模様である。

新大村駅は在来線の大村線竹松―諏訪間に設置され、大村線にも新しい駅が設置される。右の空き地がその新駅の用地

新大村駅中心を示す標柱。駅用地はずっと以前から確保されている。標柱の向こうに大村線の線路が左右に延びている

新大村駅は竹松駅（写真奥）とそれほど離れていない

第２本明川橋梁209mの諫早寄りにある新幹線用地の標柱。新幹線は本明川を斜めに渡る

「GCT」は実用化されるのか？

西九州ルートの開業は、現在も開発途上にあるGCTを実用化して、新大阪―長崎間の直通列車を走らせることが前提となっている。GCTの走行速度は、新幹線区間が260～300km/h、在来線区間が130km/h、新幹線規格新線区間が200km/hとしている。また、軌間変換は新鳥栖―長崎線間の連絡線上に置かれる軌間変換装置で行う。

しかし、肝心のGCTの車両開発は、現在のところうまくいっていない。GCTは、幅の異なる軌道に合わせて走行するというその構造上、軌道を傷めるのは避けられない。さらに、試作車による軌間変換時間は、現状1両あたり1分以上もかかっており、6両編成で6分以上にもなる計算になる。今後、改良が進んだとしても、これを1分以内にすることは難しそうだ。これでは、スピードが命の新幹線にとって、致命的なタイムロスとなってしまう。さらに、GCTの第2次試作車で新幹線内の高速走行試験が行われたが、あまりの騒音の大きさが問題になった。

諫早駅の北側跨線橋から見た大村線（左）と長崎線（右）。新幹線は小野田セメント（現・太平洋セメント）のサイロの左奥付近で斜めに大村線を越え、同線の東側を並行するようになる

諫早駅。新幹線は右下の駐輪場付近の地平を進み、在来線の安全側線付近で在来線に乗り入れ、奥の島式ホームで発着するが、長崎までの延伸がほぼ決まっているため、在来線への乗り入れ工事は行われていない。なお、長崎延伸時には右の建屋と奥のヤードに高架の新幹線駅を設置する

新鳥栖駅の鹿児島中央寄りには西九州ルートの分岐準備設備がある。上下1番線から分岐できるようにスラブ軌道の受台（矢印の2ヵ所）が設置されているのがわかる。ただし、GCTで長崎線への直通をする場合は、右の上り1番線から単線の連絡線が設置されるようである

また、実用化されているスペイン新幹線のGCTは最高速度250km/hに抑えられ、ダイヤ作製のネックになっておりやはり問題があるため、その技術を一部採用している日本でもそれが懸念されている。

このため、ＪＲ西日本やＪＲ九州はGCTについて懐疑的な見方をしている。そのためなのか、2011(平成23)年度の国の予算にも、GCTの開発費は計上されていない。

理想はフル規格化だが……？

もちろん、GCT開発が完全に中止されたわけではないのだが、こうなってくると、実用化されない事態も想定して西九州ルートを考えなくてはならない。

その場合、最も理想的なのは、残る未着工区間をフル規格で建設することである。この場合、時間短縮効果は新幹線規格新線やGCTの比ではない。だが、新鳥栖―佐賀間については、もともと海だった地盤の弱い地域を通過する

各種高速列車の比較

	軌間(mm)	車両全長(中間車)(mm)	車両全幅(mm)	運転最高速度(km/h)	走行可能区間			走行可能区間の架線電圧(kV)
					新幹線	在来線(1435mm)	在来線(1067mm)	
フル規格新幹線	1435	25000	3380	300	○			交流25
ミニ新幹線	1435	20500	2950	270～360(在来線130)	○	○		交流25／交流20
狭軌新幹線(スーパー特急)	1067	20000	2950	200			○	交流20
フリーゲージトレイン	1067／1435	20000	2950	260～300(在来線130)	○	○	○	交流25／交流20／直流1.5

※各高速列車の詳しい説明については、巻末の「鉄道用語解説」もご参照ください。

ため、高架線はそれに対応できるよう、基礎を深い岩盤まで打ち込まなくてはならなくなる。そのぶん、建設費がかかる。建設費は地元自治体も負担するため、佐賀県はフル規格化には難色を示している。

長崎県は、新幹線規格新線で着工しながらも、北陸新幹線や鹿児島ルートのように、建設途中で全線フル規格に切り替えることを目論《もくろ》んでいるフシがある。だが、スーパー特急の運転開始に合わせて行う予定である、肥前山口—武雄温泉間の佐世保線の複線化さえも予算上なかなか難しい面があり、新鳥栖—武雄温泉間のフル規格による新幹線建設は、現実的ではないのである。

“切り札”は「ミニ新幹線」

GCTが頓挫《とんざ》した場合は、建設中の区間を当初の予定通り新幹線規格新線として開業させ、博多(あるいは小倉)—長崎間にスーパー特急を走らせることになる。だが、先に述べたとおり時間短縮効果が低いうえ、山陽新幹線との直通もできないことになる。

結局、新鳥栖—武雄温泉間を標準軌、狭軌併用の３線軌にしてミニ新幹線電車を走らせるのがベストということになろう。３線軌の設置については、線路の保守が面倒という理由で、ＪＲ各社は敬遠している。しかしながら、スペインでは長い距離にわたって広軌・標準軌併用の３線軌になっている区間が結構あって、そこをGCTではない広軌の列車も標準軌の列車も頻繁に走らせている。要するに、慣れの問題なのだ。

だが、ミニ新幹線電車を山形・秋田新幹線のように在来線と同じ短い車両を使うとすれば、新幹線駅でのホームドアとの扉位置が合わなくなってしまう。これを解消するため、現在の新幹線電車と車体の長さを同じにして、幅だけを在来線と同一にするのがよいだろう。

ミニ新幹線電車を使えば軌間変換による時間のロスはなく、武雄温泉—諫早間でも260～300km/h運転、あるいはそれ以上の高速で走れるようになり、博多—長崎間を現在想定されている所要時間１時間19分よりも、さらに10分以上は短縮できる。加えて、在来線区間でのスピードアップなどをすれば、うまくいけば１時間を切る50分台にすることも不可能ではない。

建設工事はいまも着々と進んでいる。そろそろ、ミニ新幹線電車の投入を真剣に検討すべきだろう。

新鳥栖駅を鹿児島中央寄り下り線側から見る。西九州ルートとして分岐する場合、高い高架から地上に降りて鹿児島ルートの下を通るようだが、その場合はかなりの距離が必要になる(68ページの地図参照)。このため、長崎線へ直通する場合は上り１番線から分岐した単線の連絡線が、急カーブで朝日山の南の裾をまわり込むと思われる

新鳥栖駅の鹿児島中央寄りにある、鹿児島線の合流地点付近の新幹線高架橋。この高架橋には一見、無意味に長い桁間にしているところがある。都市計画道路との交差用にも見えたが、近隣住民に聞いたところ、都市計画道路の話は聞いたことがないとのこと。ここから推測するに、西九州ルートの下り線が大まわりして、ほぼ直角に交差させるためのものではないか。公表されているルートにも合致している。新鳥栖—武雄温泉間の建設が当分ないことから公表されていないが、そのつもりで準備された構造だろう

武雄温泉駅配線（新幹線規格新線の配線）

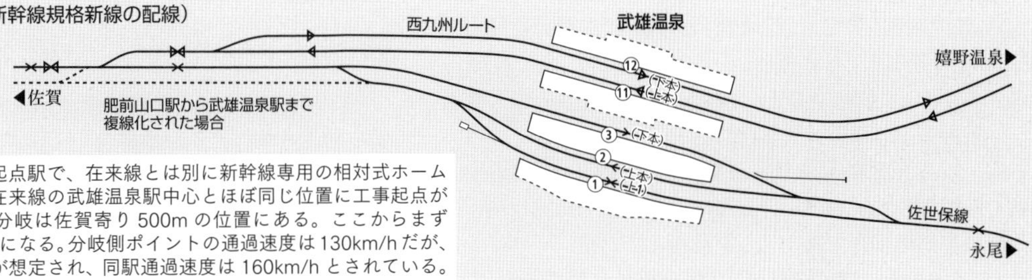

西九州ルートの工事起点駅で、在来線とは別に新幹線専用の相対式ホームの駅が設置される。在来線の武雄温泉駅中心とほぼ同じ位置に工事起点があるが、在来線との分岐は佐賀寄り500mの位置にある。ここからまず単線で分岐、次に複線になる。分岐側ポイントの通過速度は130km/hだが、武雄温泉駅通過列車が想定され、同駅通過速度は160km/hとされている。

諫早駅配線
（新幹線規格新線の配線）

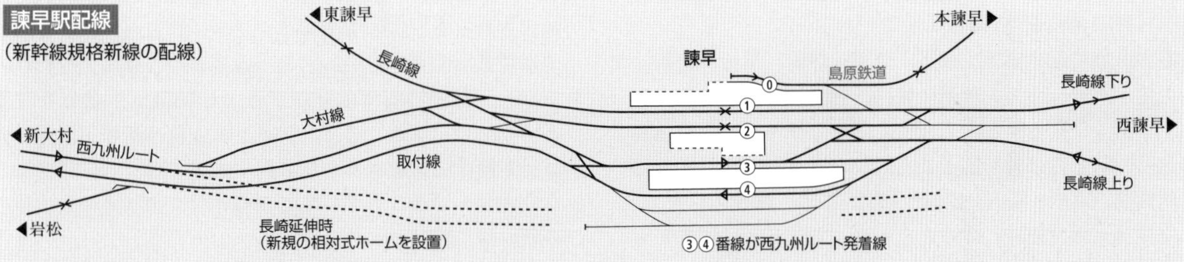

武雄温泉駅とは異なり、諫早駅では既存の３、４番線を新幹線電車の発着線にする。これに伴い、１、２番線との間の連絡通路に新幹線連絡改札口を設置する。しかし、長崎駅まで新幹線を延伸することが見込まれているため、３、４番線への新幹線取付線の工事は未着手である。長崎まで新幹線が延伸されたときには、４番線の北にある２本の側線などがあるところに新幹線専用の相対式ホームが設置される。

特集❹ 幻の新幹線計画

「弾丸列車」のルートを追え！

東海道・山陽新幹線は、
戦争の激化で中断した「弾丸《だんがん》列車」計画の復活である。
電気機関車と蒸気機関車を使い、
最高速度160 km/hで東京―下関間を結ぼうとした、
壮大な路線構想を追跡する。

赤穂線の西相生―坂越間が直線になっているのは、弾丸列車の用地を流用したため。国道250号高取峠付近から写す。弾丸列車は赤穂市街地を抜けず、奥の雄鷹台山の裾をトンネルで抜ける予定だった

戦前に進められた幻の計画

昭和初期、東海道線と山陽線の輸送量は年々増加し、輸送力不足が表面化していた。そのため、当時の鉄道省は1938(昭和13)年12月に、東京―下関間の輸送力増強や高速化の調査機関として「幹線調査分科会」を設置している。

1939(昭和14)年6月には、東京―下関間に新線を軌間1067mmの狭軌で可能な区間から建設し、全通した後に1435mmの広軌(現在は「標準軌」と呼ばれるが、当時は1067mmの狭軌を〝日本標準軌〟にしていたので「広軌」と呼ばれていた)に改軌するという暫定案が提出された。これが、戦前の高速鉄道、通称「弾丸列車」の計画のはじまりである。この計画では、大阪―下関間を狭軌で6時間以内、広軌で5時間以内、東京―下関間を狭軌で12時間以内、広軌では9時間以内で結ぶことを目指していた。

なお、〝弾《たま》並みに速く走行する〟というイメージから「弾丸列車」の呼び名が一般に定着しているが、正式名称は当時から「新幹線」が使われていた。

基本の旅客駅は東京、横浜、沼津、静岡、浜松、豊橋、名古屋、京都、大阪、神戸、姫路、岡山、福山、広島、徳山、小郡、下関とするとともに、各駅では可能な限り現在線(在来線)との接続を図ることとした。また、貨物操車場は新鶴見、浜松、稲沢《いなざわ》、吹田《すいた》、岡山、広島、幡生《はたぶ》とされた。

路線は全線を複線にするとともに、できるだけ速度制限を受けない、カーブがゆるやかな線形を採用。信号の見通し距離も可能なかぎり長く確保するとした。さらに、幹線道路とは立体交差を徹底するとともに、その他の道路も可能な限り立体交差とする計画であった。

路盤は広軌対応として建設するものの、部分開業時には狭軌線を敷設して現在線との接続を図ることにした。当初は狭軌の高速列車を走行させつつも、全面開業時に広軌への変更を可能とするという点で、現在のスーパー特急方式(新幹線規格新線／巻末の「鉄道用語解説」を参照)と同様の考え方を採っていたといえる。

機関車で160km/h運転を目指す

1939年11月には幹線調査分科会によって、広軌で一気に開通させ、その規格についてはアメリカ大陸横断鉄道規格で建設された鮮鉄(朝鮮半島の鉄道)や満鉄(南満州鉄道)と同等、あるいはそれ以上にすると決定された。

先の決定の時点では、車両製造コストが圧縮できる狭軌先行暫定案を支持する声もまだまだ根強かったが、翌1940(昭和15)年9月に「東京・下関間新幹線建設基準」が制定されると、広軌での建設が決定。東京―沼津間については電気機関車が牽引、沼津で機関車の付け替えを行い、沼津―下関間は蒸気機関車が牽引、160km/h運転をするというものだった。また、アメリカ大陸横断鉄道規格のため、車両は在来線よりもひと回り大きくなり、輸送力をかなり大きくできる。そしてこの規格は、ほぼそのまま現在の新幹線に受け継がれた。

翌1941(昭和16)年、1954(昭和29)年の開通を目標に着工、当時の金額で総予算5億5600万円という国家的なプロジェクトが始動した。まず用地の買収が開始され、難工事が予想される長大トンネル区間から工事が開始された。

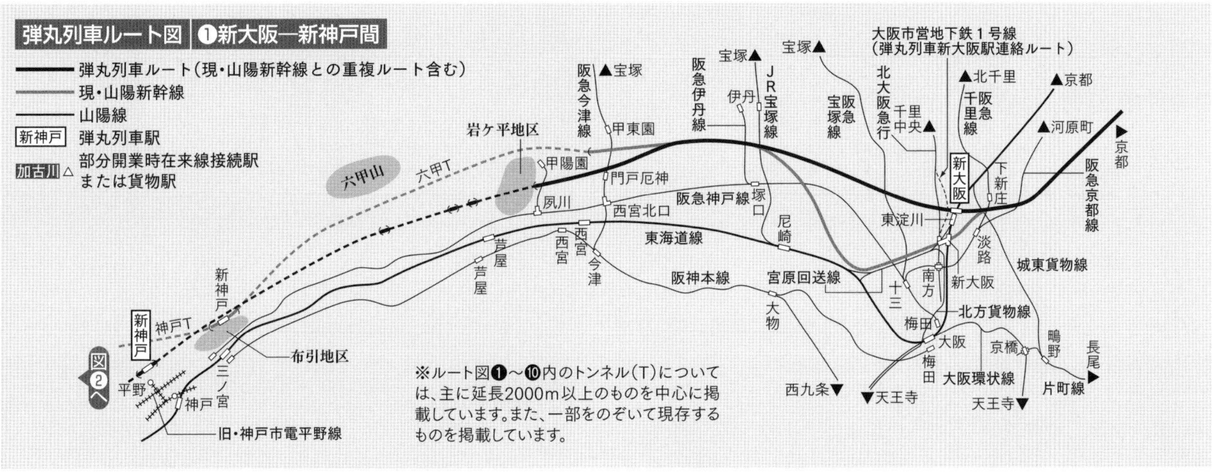

※ルート図❶〜❿内のトンネル（T）については、主に延長2000m以上のものを中心に掲載しています。また、一部をのぞいて現存するものを掲載しています。

ところが、戦局悪化により1943（昭和18）年に工事は中断。戦後になっても建設が再開されることはなかった。

あえなく頓挫《とんざ》した弾丸列車計画であったが、戦後すぐに復活する。経済復興が軌道に乗ると、東海道線の輸送需要は再び逼迫《ひっぱく》。東京―大阪間に新幹線を建設する気運が再び盛り上がり、1958（昭和33）年には同区間に「東海道新幹線」の建設が決定した。1964（昭和39）年に開業すると最高速度210km/hで営業運転を開始、世界の鉄道関係者を大いに驚かせた。

ルート検証❶ 新大阪―新神戸間

弾丸列車と東海道新幹線のルートは、三島―新富士間、浜松付近、大津・京都付近、新大阪付近などを除いておおむね重なっている。これは、弾丸列車の計画が進められた戦前に取得した用地の多くが東海道新幹線にそのまま転用されているからである。

一方、東海道新幹線着工より８年後の1967（昭和42）年に着工した山陽新幹線では状況が一変。新大阪以西の弾丸列車の建設が白紙撤回されていたため、各地の地主による土地返還要求が裁判で通ったのである。さらに、後述のように線形をさらによくするためにルートは見直され、新大阪以西の山陽新幹線区間では、弾丸列車計画とはかなり異なるルートを走ることになった。ここからは、弾丸列車の幻のルートと、現在の山陽新幹線が採用したルートを徹底比較し、それぞれの特徴を浮かび上がらせていく。

まず、山陽新幹線の起点となる新大阪駅も、弾丸列車計画とは異なる位置に設置されている。弾丸列車計画では、大阪のターミナルは東淀川駅付近に予定されていたため、下新庄《しもしんじょう》駅付近（現在の東海道新幹線と阪急千里線が交差する地点）から、東淀川駅の北側で東海道線と交差し、さらに尼崎方面に至る区間の用地が取得されていた。ところが、東淀川駅から１km付近以西の用地の多くが以前の地主に返還されてしまった。だが、東海道新幹線が着工される前に以西への延伸はすでに予定されていたので、新大阪以西の区間を北方《ほっぽう》貨物線・宮原回送線沿いのルートに変更してそれを可能にし、東海道新幹線（山陽新幹線）の新大阪駅についても北方貨物線・宮原回送線と東海道線の交差地点に変更した。現在の東海道新幹線が阪急千里線と交差する位置で南西方向に大きくカーブしてから、すぐに西方向に進路を変えて新大阪駅に達するのはこのためである。

弾丸列車計画では新大阪駅を出発後、阪急神戸線のやや北側を並行して西進。六甲山の東端に差しかかると、芦屋市の高級住宅地・六麓荘《ろくろくそう》の南側にあたる岩《いわ》ケ平《ひら》地区でトンネルに入り六甲山を抜ける。トンネルは現在の「六甲トンネル」のように１本ではなく、芦屋川や高座川など谷になっているところでは明かり区間（トンネルでない区間）が設定されていた。これは、トンネルを短くし土被《つちかぶ》り（トンネルから地表までの距離）を小さくして建設費を軽減するためである。

弾丸列車は、現在の新神戸駅が設置されている布引地区の北側を通過し、新神戸駅は、東海道・山陽線神戸駅の北北西の谷間にある平野地区に設置される予定だった。駅予定地南側の市道山麓《さんろく》線と有馬《ありま》街道（現・国道428号）の交差点付近には、かつて旧・神戸市電平野線の終点

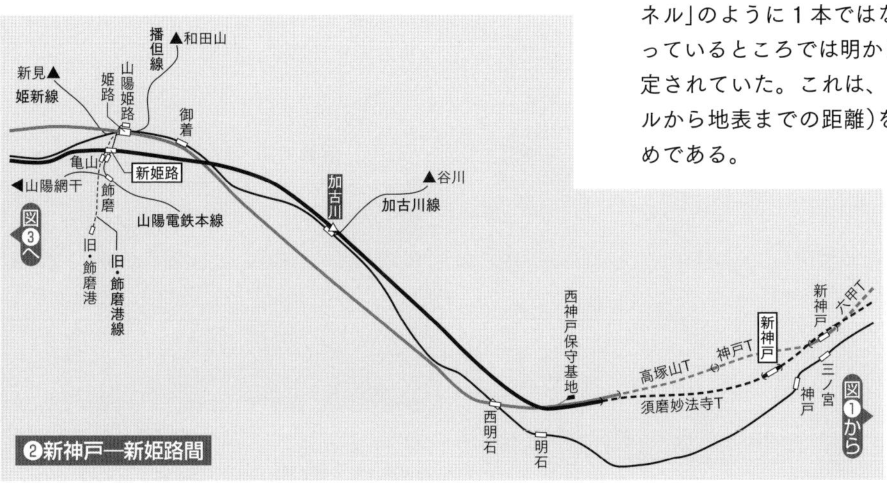

平野電停があり、これを弾丸列車の新神戸駅まで少し延伸すれば、神戸駅と連絡できるからである。

ルート検証❷ 新神戸—新姫路間

新神戸—西明石間は、現在の山陽新幹線よりやや南を「須《す》磨《ま》妙《みよう》法《ほう》寺《じ》トンネル」という長大なトンネルで抜ける予定だった。しばらく、山陽新幹線とほぼ同一のルートになる区間が続くが、現在の西神戸保守基地付近から先は山陽線の北側を通る。姫路手前の御着《ごちゃく》駅付近で山陽線の南側に抜けると、しばらく西方向に直進。現在の山陽電鉄の亀山駅周辺に新姫路駅の設置が予定されていた。

当時は播但線の支線・飾磨《しかま》港《こう》線(1986[昭和 61]年 11 月廃止)にも亀山駅があり、ここで在来線と連絡することが想定されていた。そのルートは現在の国道２号バイパスそのものである。新姫路駅からは山陽線の南側を通る。

ルート検証❸ 新姫路—赤穂線伊部駅付近

1951(昭和 26)年に開通した赤穂《あこう》線(相生《あいおい》—東岡山間)は、弾丸列車計画で取得した用地が転用されている。この付近でも地主から土地返還要求が起こっていたが、国鉄は将来的に新幹線が延伸されることを見越し、土地返還を回避しようと考えた。そこで、確保した用地に並行して建設することが予定されていた赤穂線の建設を前倒ししたのである。

赤穂線は西相生駅の先から坂越《さこし》駅の先まで直線が続いているが、この区間がまさに弾丸列車のルートとして確保された用地である。また、その先の区間でも一部で弾丸列車の用地が流用されていることから、赤穂線は北側で並行する山陽線よりも線形がよく、相生—東岡山間の距離は３km 短くなっている。その一方、赤穂線は沿線の集落に近いところに駅を設置するために弾丸列車ルートから外れた区間もあり、その部分についてはカーブが多くなっている。

坂越駅の赤穂寄りにある踏切から撮影。ずっと直線になっている

播州《ばんしゅう》赤穂駅の手前より弾丸列車のルートは現在の赤穂線から離れ、北側の山間部をトンネルで抜けるが、備前片《びぜんかた》上《かみ》駅付近からは再び赤穂線、さらに山陽新幹線や国道２号と合流する。このあたりでは、山陽新幹線、赤穂線に加え国道２号バイパスにも弾丸列車の用地が流用されている。

ルート検証❹ 赤穂線伊部駅付近—玉島(新倉敷)間

その後しばらく赤穂線・国道２号との並行区間が続くが、香登《かがと》駅から弾丸列車のルートは山陽新幹線のルートと比べて南にずれていき、岡山の市街地南部を貫通。弾丸列車の新岡山駅は宇野線の大元《おおもと》駅に設置予定だった。

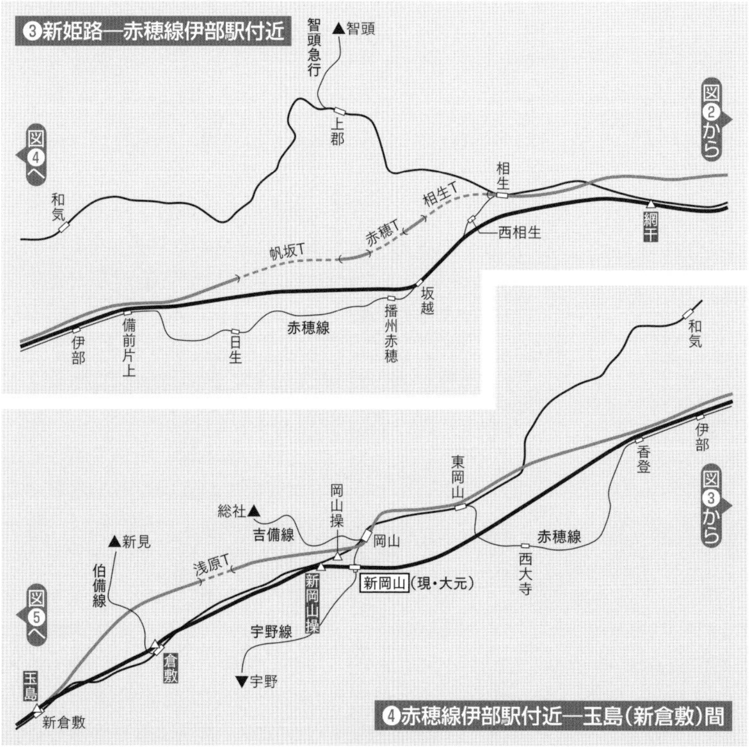

姫路駅と同様、岡山駅も戦前の時点ですでに手狭だったが、当時の計画では現在の新幹線のように高架で在来線駅に割り込むことは想定していなかった。そのため、郊外の大元駅に新岡山駅を設置し、岡山のターミナルにするつもりだった。さらに、新岡山駅に隣接して新岡山操車場を設置。同操車場は在来線の岡山操車場にも近く、貨物の積み替えにも都合がよかった。

新岡山駅からは、弾丸列車のルートは山陽

赤穂線(道路の右)の備前片上—香登間も弾丸列車ルートと合致。香登駅付近では国道２号をはさんで赤穂線と山陽新幹線(左の高架線)は完全に並行する

山陽線の尾道—糸崎間では、瀬戸内海に突き出ている鉢ケ峰（奥）のために迂回する。その手前の尾道寄りにある旧・漁師町地区（踏切付近）で、弾丸列車部分開業時には新尾道駅を設置して山陽線と接続することにしていた

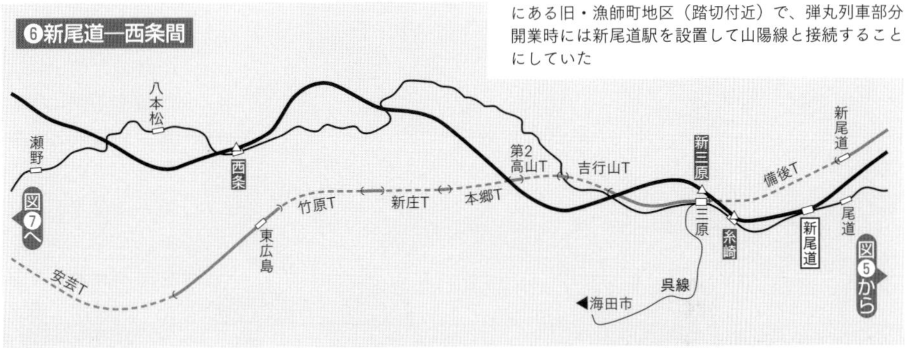

線とほぼ並行して倉敷駅、玉《たま》島《しま》駅(現・新倉敷駅)へと進む。倉敷周辺には新幹線駅の予定はなかったものの、弾丸列車が狭軌路線として部分開業した際には、倉敷駅で在来線と接続することにしていた。

ルート検証❺ 玉島(新倉敷)—新尾道間

玉島駅からは山陽線とほぼ並行しながら福山駅に達するが、このあたりのカーブは山陽線よりゆるく設定されていた。現在の東尾道《ひがしおのみち》駅手前付近から山陽線と離れて山間部に入るが、尾道市の漁師《りょうし》町地区(現・正徳《しょうとく》町付近)で山陽線と再び接する。弾丸列車の部分開業時には、ここに新尾道駅を設置すると考えられていた。そのため、現在の山陽新幹線・新尾道駅とはだいぶ場所が異なることになる。

東尾道駅付近から正徳町までの弾丸列車ルートは、国道2号バイパスに転用されている。この付近の2号バイパスは弾丸列車計画が頓挫したのち、そのまま国有地として残っていた用地、あるいは元の地主が再び国道用地として売却した用地を流用したもので他の2号バイパスもそうである。

ルート検証❻ 新尾道—西条間

新尾道駅からは再び山陽線と離れていく。さらに、三原《みはら》駅の北側に設置が予定されていた新三原駅周辺も、現在は国道2号バイパスに転用されている。

三原—広島間には山塊が立ちはだかっている。蒸気機関車時代の山陽線には、西の箱根越えといわれていた瀬野《せの》—八本松《はちほんまつ》間、通称「セノハチ」と呼ばれる難所があった。現在の山陽新幹線はこの区間を長大トンネルで難なくクリアして広島平野に達しているが、弾丸列車では大きく異なるルートにしていた。

西条《さいじょう》駅を過ぎると弾丸列車はいったん山陽線の南側を進むが、再び山陽線と交差して北側に移ると山陽線と大きく離れていく。

ルート検証❼ 西条—大野浦間

弾丸列車ルートは芸備《げいび》線の上深川《かみふかわ》駅の南側を抜けると、安芸矢口《あきやぐち》駅で同線と交差。さらに、太田川を越え可部《かべ》線下《しも》祇園《ぎおん》駅の北側で可部線と交差することになっていた。この付近には弾丸列車の機関区(新広島機関区)の設置が計画されていた。弾丸列車の広島のターミナル駅である新広島駅は、市街地の西側・現在の西広島駅に設置が予定されていた。新広島駅を過ぎると弾丸列車は山陽線と並行するようになり、宮島口《みやじまぐち》駅の手前からほぼ山陽新幹線のルートと重なっている。

ルート検証❽ 大野浦—新徳山間

大野浦《おおのうら》駅を過ぎると、弾丸列車は大竹トンネル手前からやや南にずれ、岩徳《がんとく》線(岩国—櫛ケ浜間)と錦川《にしきがわ》鉄道(旧・岩日《がんにち》線)が分岐する森ケ原信号場付近からは、岩徳線とほぼ並行している。

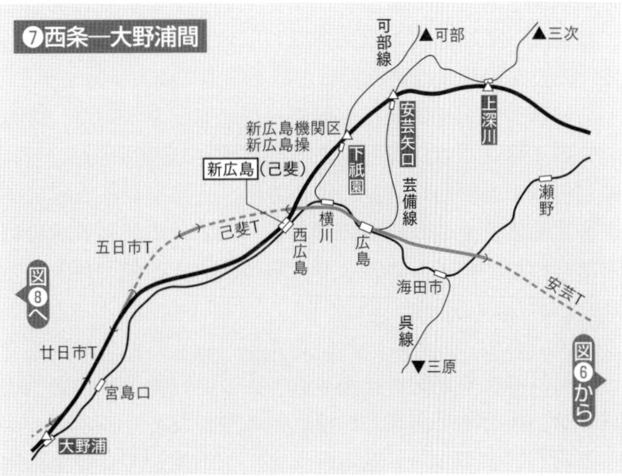

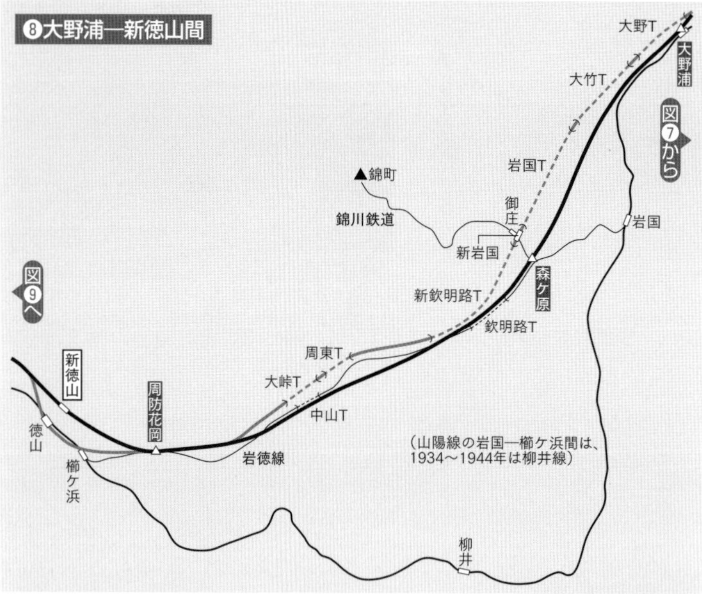

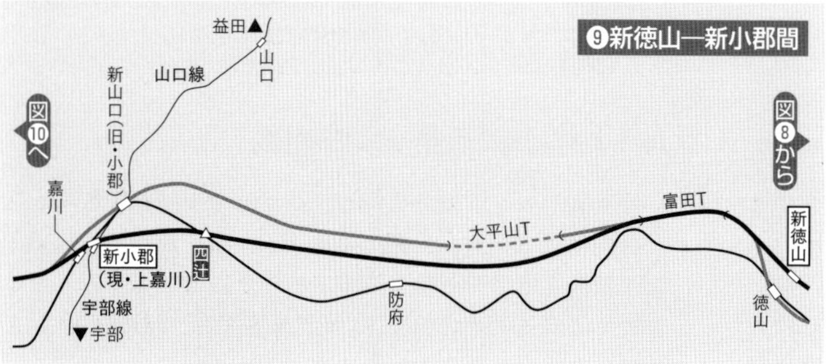

岩徳線は弾丸列車が構想された1934(昭和９)年に開通した路線で、全通後しばらくの間は山陽線の一部だった。岩国—櫛ケ浜間には柳井《やない》駅を経由し海沿いを走行する既設路線があったが、先に述べた山沿いをショートカットする区間(岩徳線)の開通により、山陽線の同区間は柳井線という支線に降格された。

ところが1944(昭和19)年、軍事物資輸送力増強のため、柳井線の複線工事が完了すると柳井線は再び山陽線の一部となり、逆に山沿い区間が支線に降格され、岩徳線と改められた。山沿い区間の複線化が行われなかったのは、長大な欽明路《きんめいじ》トンネルの複線化には多大な予算が必要になることに加え、この区間が弾丸列車の予定ルートとほぼ並行していたため複線化は過剰投資と考えられていたからである。

山陽新幹線と岩徳線は生野屋《いくのや》—周防花岡《すおうはなおか》間で完全に並行しているが、これは弾丸列車時代に確保した用地がいったん岩徳線の拡張用地名目で確保され、山陽新幹線として本来の目的で使用されたものである。なお、山陽新幹線には岩徳線の欽明路トンネルよりさらに長大な新欽明路トンネルが設置されている。

弾丸列車のルートは、周防花岡駅付近から西では現在の山陽新幹線より北側に計画されており、弾丸列車の新徳山駅も徳山市街地の北部に設置される予定だった。

山陽新幹線のルート選定時には、徳山周辺では弾丸列車

岩徳線の生野屋—周防花岡間は、弾丸列車ルートと並行している

のルートをそのまま採用する計画もあった。だが、山陽線の直上に山陽新幹線の高架橋を建設して山陽線徳山駅に接続したほうが在来線との連絡がスムーズになると判断され、徳山駅に乗り入れることになった。その結果、徳山駅には新幹線の規格外となる半径1600mの急カーブができてしまった。なお、弾丸列車の新徳山駅前後の用地は国道２号バイパスに転用されている。

ルート検証❾ 新徳山—新小郡間

弾丸列車のルートは新徳山駅の西側でいったん現在の山陽新幹線に合流するが、その先ではやや南側の山陽線寄りのルートを採っていた。これは、弾丸列車ではトンネル建設を可能な限り避けていたことに加え、防府《ほうふ》駅で山陽線と接続して部分開業したときに直通できるようにしていたためである。同様に、四辻《よつつじ》駅でも山陽線との接続が予定されていた。

さらに、宇部線の上嘉川《かみかがわ》駅を新小郡《しんおごおり》駅に改称して弾丸列車の駅を設置するとともに、上嘉川駅の北側を走行する山陽線にも新たに新小郡駅を設置し、弾丸列車と山陽線、宇部線の接続が図られることにもなっていた。

ルート検証❿ 新小郡—下関間

新小郡駅から山陽線小月《おづき》駅付近までは、現在の山陽新幹線と同じルートとなっている。小月駅西方からは山陽線と完全に並行。山陽線もこの付近から長府《ちょうふ》駅付近までは直線

徳山駅の博多寄りにある第１桜谷トンネル坑口付近。右が山陽新幹線で、ずっと向こうに徳山駅がある。左の道路は国道２号バイパス。この国道２号バイパスが弾丸列車ルートに相当し、ここに新徳山駅の設置も考えられていた

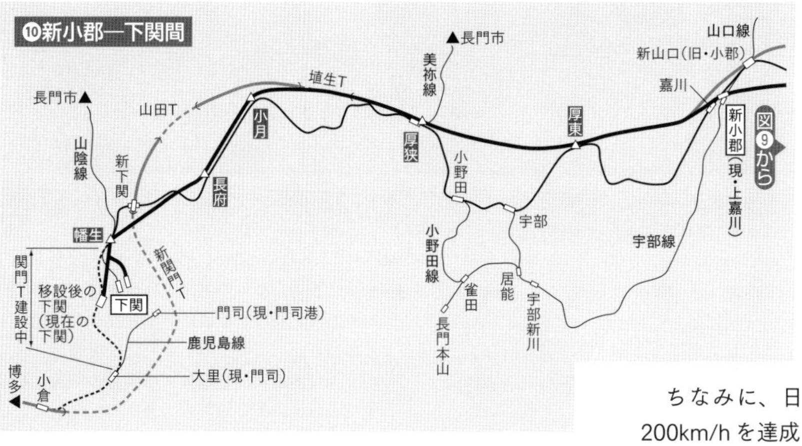

になっており、部分開業の時点ではこの区間で弾丸列車は山陽線を走行することも考えられていた。

長府駅からは旧・下関駅（現在の、下関市立しものせき水族館「海響館《かいきょうかん》」付近）に乗り入れる計画と、建設途中の関《かん》門《もん》海峡トンネルに接続するため、現在の下関駅（当時は下関港駅）に乗り入れる計画の２案があった。だが、予定通り弾丸列車が開通していれば、おそらくは下関港と連絡する旧・下関駅に乗り入れたものと思われる。下関港は当時大陸方面への玄関口であったことから、弾丸列車は九州より大陸への連絡を優先したはずだからである。ちなみに、下関と朝鮮の釜山《プサン》は関釜《かんぷ》連絡船が結んでおり、釜山駅からはハルビンや北京方面への国際連絡列車も運転されていた。さらに、関釜海底トンネルの構想もあり、完成していれば東京―北京間の国際列車が走っていたかもしれない。

弾丸列車は新幹線に受け継がれた

弾丸列車計画は結局、戦争の激化によって中止されたが、この構想は戦争を越えて受け継がれ、東海道新幹線として花開く。

弾丸列車が計画された当時は蒸気機関車の時代だった。蒸気機関車では、設計速度は160km/h程度が限度であり、これが弾丸列車の設計速度となった。しかし、最小曲線半径は計算上260km/hまでの速度が出せる2500mとした。電気機関車であれば200km/h程度は出せるとして、東京―沼津間は電化し、ゆくゆくは200km/h運転を目指したのである。

もし、戦争がなく、順調に建設が進んで、弾丸列車が1954年に全通したとしても、東海道新幹線が開通したときのような強烈なインパクトを世界に与えることはなかっただろう。というのも、1954年にもなると、160km/h運転はそれほど珍しいものではなかったからである。

国鉄は戦後、弾丸列車計画を復活させるにあたり、電車による200km/h運転を行うと決めた。このとき、ほぼ連続して200km/hで走れるように、最高速度を210km/hとした。また安全性を高めるためにATC自動列車制御装置を採用、その監視速度（いわゆる頭打ち速度）を210km/hとした。

頭打ち速度が210km/hの場合、実際にはその手前の209km/hまでしか出せないことになるが、現実には205km/hくらいになると加速（力行《りきこう》＝モーターに電流を流すこと）をやめ、200km/hまで下がると再び力行する、というのをくり返す。ほぼ連続して200km/hを出し続ける仕組みは、このATC自動列車制御装置の採用にあった。そして、この技術を使った路線・列車は、東海道新幹線が世界初であった。

ちなみに、日本以外で最初に営業列車での最高速度200km/hを達成したのはドイツ（1965[昭和40]年）だが、連続的に出し続けていたものではないため、表定速度（停車時間を含む平均速度）は100km/h程度だった。一方、東海道新幹線の開業１年後の表定速度は163km/hにもなった。また、ドイツは機関車方式であったため、線路を傷めてすぐに200km/h運転を中止している。東海道新幹線は、機関車方式よりも重量の軽くなる電車方式を採用したため、線路を傷めにくいというメリットもあった。

高速道路や航空機に勝つ鉄道へ

東海道新幹線は専用線を走るため、遅い普通列車などを気にすることなく運転本数をどんどん増やすことができた。そして、将来的には250km/h（頭打ち速度は260km/h）に引き上げる目標を掲げた。こうした計画にも世界中の注目が集まった。

これに刺激されたフランスがTGVを開通させたのは、東海道新幹線開通から17年後の1981（昭和56）年である。東海道新幹線と同様、専用の高速新線を建設し、270km/h運転を行った。当初、日本の新幹線が目指した260km/h運転を超える速度である。

日本でも、1975（昭和50）年に全通した山陽新幹線の建設にあたっては、最小曲線半径を東海道新幹線の2500mから4000mに変更した。最小曲線半径2500mで260km/hを出すのは限界に近く、安定して260km/hを出し、限界速度も330km/h程度にできる構造にしたのである。その代わり、弾丸列車で計画していたルートのほとんどが使えなくなってしまった。ちなみに、山陽新幹線の規格はその後の各新幹線の規格に踏襲され、2011（平成23）年３月に開業した九州新幹線（鹿児島ルート）もこの規格で建設されている。

現在、世界の鉄道における300km/h運転は、もはや常識となった。今後は360km/h運転を目指すべく、現在の日本の新幹線規格を超える規格で建設が進められている。最小曲線半径を向上させ、上下線路の間隔を広げるなどして、なかには半径6250mになっているところもある。

現在の新幹線のルーツである弾丸列車は、その名こそ歴史の波に埋もれようとしているが、鉄道が高速道路や航空機に勝つ、ただひとつの道すじを世界に残したのである。

鉄道用語解説（あいうえお順）
KEY WORDS

あ

安全柵　ホームの線路側に設置された柵。車両の扉に面した箇所に柵がないものもある。在来線のホームドアと同様、乗客の転落や人身事故防止の目的で使われる。

営業キロ　運賃の基準となるキロ数のこと。

ATC(Automatic Train Control)　自動列車制御装置。列車の速度を抑制したり、停止させたりする自動装置。アナログ方式とデジタル方式があり、山陽新幹線ではアナログATCが、九州新幹線ではデジタルATCが使用されている。デジタルATCは信号情報をコード化して送ることにより、アナログATCよりも多くの、かつ正確な伝達ができるようになった。これにより、列車の位置を正確に把握し、ブレーキをかけてから停車するまでの距離を計算して、その距離に応じて速度を自動的に制限するなど、より高度かつ、フレキシブルな列車制御が可能となっている。

ATC頭打ち速度　ATCではアナログ、デジタルとも基本的に閉塞区間ごとに制限速度を設けており、速度オーバーになると自動的にブレーキがかかってスピードが落ちる仕組みになっている。この制限速度を「頭打ち速度」という。220km/h以上ではプラス5km/hが頭打ち速度となる。

駅場内　上下線それぞれの最も外側にある場内信号場の内側までを指す。

駅本屋(えきほんや)　駅長室、またはそれに準ずる設備がある建屋のこと。この位置が駅の中心となり、かつ、ここに接している本線線路の地点が、起点駅からのキロ程に定められている。正式には「本屋」というが、それでは「書店」と区別がつかないため、本書では「駅本屋」とする。ＪＲでは、基本的に駅本屋があるほうが1番線になっている。

か

上1(かみいち)／**下1**(しもいち)　「上1」とは上り1番線、「下1」とは下り1番線のこと。業務用の番線名で、一般利用客には案内されていない。駅において営業列車が通る線路が複数ある場合、最もメインとなる線路を本線と呼ぶのに対し、通過線や待避線などのサブ的な線路を「副本線」と呼ぶ。この副本線の線路番号を上下線別に付番したものの略称。「上2」「上3」、「下2」「下3」と続いていく。なお、上下線間にあるものは「中(中線の略)」と表示され、複数ある場合は同様に「中1」「中2」と付番する。

カント量　カーブ区間では、乗り心地の向上と脱線防止のために、片方のレールを高くして車両をカーブの内側に倒し、遠心力を緩和している。このために設けられたレールの高低差をカント量といい、単位は通常mmで表す。

緩和曲線　直線からカーブ区間に入るとき、いきなり所定の曲線半径に入ると脱線してしまう。所定の曲線半径に入る手前と、曲線半径から出て直線に入っていく過程で、少しずつカーブとカント量を変化させていく曲線区間のことを指す。

軌間　2本のレールの間隔のこと。通常はmmで表す。

狭軌(きょうき)　レールの間隔(軌間)が、標準軌の1435mmより狭いもの。ＪＲでは新幹線を除くほとんどの在来線で使用され、1067mmのものが多い。

狭軌新幹線(スーパー特急)　全国新幹線鉄道整備法では「新幹線鉄道規格新線」という。既存の新幹線から離れたところに新幹線を建設する場合で、かつ新線区間だけの走行では営業が成り立たない場合、在来線と直通させて収益を確保する必要が出てくる。そこで、3線軌用の軌道を敷き、狭軌側だけレールを敷設して、当面は狭軌の新幹線電車を走らせるというもの。将来的には延伸によって既存のフル規格の新幹線と接続し、標準軌に改軌してフル規格化させる目論見があるため、簡易に標準軌化が可能な構造となっている。なお、フル規格化後も3線軌のままにして在来線からの直通列車を残す場合もあるとしている。しかし、狭軌新幹線として着工された路線がいずれも建設途中でフル規格に変更されており、これまで一度も実現していない。

橋上駅舎　ホーム上の線路をまたぐ跨線橋に置かれている駅舎。

曲線半径　線路をカーブさせる場合、その曲線には円曲線を使い、その半径を曲線半径という。曲線半径が大きいほうが安定した走行ができるというメリットがある半面、ルート上に建物があったとしても迂回しにくく、建物ごと買収するなどで建設費が高額となるデメリットがある。

切欠ホーム　ホームを途中まで切り欠き、発着線を2本にしたホーム構造。

組替線　車両編成を組み替えるための線路。グリーン車の連結位置を変更したり、16両編成を12両編成に組み替えるなどの作業を行っている。

研削(けんさく)**線**　走行により摩耗した車輪を元の真円に戻すため、車輪の線路と接する面(踏面)を削る線路。1編成を丸ごと移動させて1台車分、または1車軸分の車輪を削る。そのため、研削線の前後には1編成分を収納できる長さの線路が確保されている。

検修庫・検修線　車両の検査・修繕を行う建屋・線路。

高架駅　高架線にホームがある駅。

交互着発　1面2線の島式ホームに、ほぼ同時に交互に電車が入線発車すること。

交差支障　2つ(以上)の線路が平面で交わる箇所を2つ(以上)の列車が同時に走ると衝突してしまうので、いずれかの列車が先に通過する列車を手前で待つことになる。これを交差支障といい、ダイヤ作成のネックになる。

跨線橋(こせんきょう)　線路をまたぐ通路。

さ

3線軌　軌間が異なる列車を1つの線路で走らせるため、片方の車輪は1本のレールで共用し、もう片方の車輪はそれぞれの軌間の幅に合わせて1本ずつレールを敷く方式。1つの線路にレールが3本並ぶので3線軌という。それぞれの車両幅の中心が異なるため、ホームと車両の間に大きく隙間ができることが欠点。

暫定整備計画　建設予算の圧縮を目的に、運輸省(現・国土交通省)が全国新幹線鉄道整備法を1991(平成3)年に改正・発表した計画。全国新幹線鉄道整備法では、新幹線鉄道の規格について「主たる区間で200 km/h以上の高速度で走行できる幹線鉄道」としていたが、スーパー特急やミニ新幹線を導入し、200km/h走行をしなくても新幹線鉄道として整備できる規格を定めた。

ＪＲ形配線　片面と島式ホームからなる2面3線。汽車時代からの国鉄特有の配線で、ＪＲの多くの駅はこの配線をしている。

始終着駅(ししゅうちゃくえき)　その駅発、および、その駅行き列車が設定されている駅。

仕立線　編成を仕立て、準備をするための線。貨物列車に関しては仕訳線という。

巡航速度　新幹線が恒常的に走行する速度。東海道新幹線が開業した当時、巡航速度は200km/hとされ、停車駅の前後、急カーブがある都市部や熱海駅付近、そして急勾配がある関ケ原付近を除く区間では常にこの200km/hで走行、これに何らかの理由で遅れた場合のロスを吸収する余裕時間を設けて所要時間を割り出していた。この考え方はのちの各新幹線にも採用されている。

スプリングポイント　一定方向のみ進入するようにセットされ、逆方向からの進入には、車輪でレール先端部を稼働させ、バネによって戻すポイント。

スラブ軌道　コンクリートの道床に直接レールが取り付けられた軌道。枕木がないのが特徴。

全国新幹線鉄道整備法　山陽新幹線の岡山以西の新幹線建設は、1970(昭和45)年5月に公布された「全国新幹線鉄道整備法」によって行われている。同法のもと、各新幹線は①基本計画(基本計画新幹線)の選定、②建設線の調査指示(調査新幹線)、③営業主体・建設主体の指名、④整備計画(整備新幹線)の決定、⑤環境アセスメント公表、⑥建設線の建設指示という流れで建設されている。整備計画決定後には走行方式(フル規格、ミニ新幹線、スーパー特急、磁気浮上リニア駆動など)の決定も行う。2011(平成23)年5月には、中央新幹線(リニア中央新幹線)の整備計画新幹線への昇格と、走行方式として「磁気浮上リニア駆動」が決定した。数ある基本計画新幹線のうち、今後、整備計画新幹線への昇格が期待されているのは②の調査がほぼ終わった四国新幹線(大阪市—大分市間)である。

洗浄線　車両を洗うための線路のこと。

線路別複々線　2種類の複線路線が隣接して複々線が形成されている形態。

線路有効長　行き違いや待避が可能(つまり、有効)になる線路の長さ。

側線　非営業線。回送や入れ換え中の貨車などが走っている。

た

抱込(だきこみ)式　上下線の間に留置線や貨物ヤードが設置されている方式。

地下駅舎　地下線以外で、ホームが地上に、駅舎が地下にある駅。

地上駅　地面上にホームが設置されている駅。地平駅ともいう。

通路線　車庫内で行き来するための線路。ここには車両を留置しないことになっている。

デッドセクション　直流電化区間と交流電化区間、または電圧が違う線路同士の境界。電気が流れない無電圧区間となっている。車両によってはこの区間を通過する瞬間に室内灯が消えることがある。

動力集中方式　動力を機関車に集中させる方式で、機関車が牽引する列車がこれに当たる。この対極にあるのが動力車を複数の車両に分散させる「動力分散方式」で、電車がこれに当たる。新幹線については、フランスやイギリスでは動力集中方式を採用している。一方、日本やドイツ(機関車方式を中止)、イタリアでは動力分散方式を採用、いわば〝新幹線界における日独伊三国同盟〟ともいえる様相である。

な・は

入出庫線　旅客列車が本線から車庫へ行き来するための線路。

法面(のりめん)　掘割や切土、盛土による人工斜面。道路や鉄道、宅地造成地において、地山掘削あるいは盛土によって造られる。

‰(パーミル)　1000分のいくつであるかを表す単位で、鉄道ではおもに勾配を表す単位として使われる。たとえば、20‰は水平方向に1000m進むと20m高低差が生じる勾配のこと。

発着線・着発線　列車が出発、または到着する線路のこと。基本的に旅客列車の場合は発着線、貨物列車の場合は着発線という。

バラスト軌道　砂利が敷かれた軌道。

引上線　列車が折り返したり、車両の入れ換えを行ったりするときに、一旦待機するための側線。下り線から上り線(あるいはその逆)に折り返す列車を一旦留置するために、複線の間に敷設された側線が代表的な例。

標準軌　レールの間隔(軌間)が1435mmのもの。日本では新幹線などで採用されている。

表定速度　停車時分も含むある区間の所要時間による平均速度。

フリーゲージトレイン　在来線の狭軌(1067mm)と新幹線の標準軌(1435mm)を行き来できる軌間可変車両で、英語略はGCT(Gauge Change Train)。狭軌と標準軌の間に軌間変換装置を設置して車輪幅を改軌する。日本では試験段階で実用化されていないが、スペインでは在来線の広軌(1668mm)とスペイン新幹線AVEの標準軌との間を行き来する高速列車Alviaが実用化されている。

フル規格新幹線　全国新幹線鉄道整備法では「標準軌新線」という。通常の新幹線線路のことである。

閉塞(へいそく)　路線を区間ごとに区切り、1つの区間(閉塞区間)に1つの列車しか走れないようにして、衝突や追突を避ける保安システムのこと。

方向別複々線　片側2車線の道路と同じく、同一方向の2線を束にして配置した複々線。

保守基地出入線　保守基地と本線との間にある線路。入出庫線と同じ用途の線路だが、区別されて使われている。

ホーム有効長　列車がホームにかかることができる長さ。

掘割　地面を掘って立体化すること。

ま

ミニ新幹線　全国新幹線鉄道整備法では「新幹線鉄道直通線」という。建設コストを抑えるため、在来線を狭軌から標準軌に改軌、または3線軌化して新幹線電車を走らせるものである。在来線の車両は新幹線電車よりもひと回り小さく、在来線にあるホーム、橋梁、トンネルの幅、上下線の間隔を広げなくては大きな新幹線電車を走らせることができない。そこで、在来線車両と同じ大きさ(つまりフル規格車両よりも小さい車両)で造られたのがミニ新幹線である。なお、秋田・山形の両新幹線は、この「新幹線鉄道直通線」には分類されておらず、あくまで在来線として取り扱われている。

モノクラス　1つの等級のみで構成された列車のこと。日本ではかつて、車両・運賃には1等車から3等車(後年は1等車と2等車のみ)の区別があったが、1969(昭和44)年に国鉄がモノクラス制を採用し、廃止された。なお、現在のグリーン車の車両記号には、2等車を表す「ロ」(イロハのロ)が使われている。これは、グリーン車が3等級時代の2等車に相当することの名残だが、現在では事実上、グリーン車が1等車と同等の扱いとなっている。

盛土(もりど)　土を盛った構造。

や・ら

夜行新幹線　全国新幹線鉄道整備法制定後に構想されていた、新幹線の夜行列車。新幹線鉄道網完成時の標準車として試作された961形(2次試作車、1次試作車は951形)6両編成の1両には寝台設備が設置されていた。しかし、夜行新幹線は実現しないまま、この試作車両とともにお蔵入りとなっている。

余裕時間　列車遅延時や工事による速度制限箇所の発生に備え、ダイヤにゆとりを持たせるために設定される時間。

留置線　車両を留め置く線路。とくに、電車専用のものをJRは電留線と呼ぶ。

臨修(りんしゅう)線　車両の故障や修理、事故による車体修理を行うほか、新車が搬入されたときに点検を行う線路。

列車番号　本線を走る列車にはすべて固有の番号が付けられている。通常は、奇数が下りで偶数が上りだが、例外もある。数字のほか、アルファベットが末尾に入ることがあり、東海道・山陽・九州新幹線にはA、東北新幹線にはB、上越新幹線にはCが付けられている。

[編著者略歴]

川島令三（かわしま・りょうぞう）

1950年、兵庫県に生まれる。鉄道アナリスト。芦屋高校鉄道研究会、東海大学鉄道研究会を経て鉄道図書刊行会に勤務、「鉄道ピクトリアル」「電気車の科学」を編集。現在は「鉄道アナリスト」として執筆を中心に活動中。早稲田大学非常勤講師。鉄道友の会会員。全国鉄道利用者会議会員。

著書には『全国鉄道事情大研究』シリーズ（草思社）、『新線鉄道計画徹底ガイド』シリーズ（山海堂）、『鉄道再生論』『徹底チェック』車両シリーズ（以上、中央書院）、『日本の鉄道名所100を歩く』『鉄道カレンダー』『至高の名列車名路線の旅』（以上、講談社+α新書）、『〈図解〉日本三大都市 幻の鉄道計画』『〈図解〉日本三大都市 未完の鉄道路線』『〈図解〉超新説全国未完成鉄道路線』（以上、講談社+α文庫）、『〈図解〉新説 全国寝台列車未来予想図』（以上、講談社）などがある。

[編集部注]

「山陽・九州新幹線ライン」とは、本書刊行に際し編著者・川島令三氏が考案した造語です。新大阪—鹿児島中央間を結ぶ新幹線にスポットをあて、大きな「ライン」として捉えました。

本書では、山陽新幹線、九州新幹線の本線のみならず、これまで詳細図がなかった車両基地や保守用側線までを徹底網羅したオリジナル配線図を掲載しています。また、配線図に登場する新幹線全駅（信号場を含む）のデータを後半に掲載しました。駅名・路線名の表記は平成22年度の『鉄道要覧』に準拠しています。

なお、本書の情報は2011年9月現在のものです。駅の現況は変わることがありますので、お出かけの際は、念のため最新情報をご確認されることをおすすめします。

[参考文献]

『鉄道要覧』〈平成22年度〉（国土交通省鉄道局＝監修／電気車研究会・鉄道図書刊行会）
『鉄道「歴史・地理」なるほど探検ガイド』（川島令三・岡田直＝編著／PHP研究所）
『新停車場線路配線ハンドブック』（停車場線路配線研究会＝編／吉井書店）
月刊「鉄道ピクトリアル」各号（電気車研究会）
月刊「鉄道ファン」各号（交友社）
月刊「鉄道ジャーナル」各号（鉄道ジャーナル社）
『JR全線全駅』〈2001年度版〉（弘済出版社）
『私鉄全線全駅』（交通新聞社）
月刊「JR時刻表」（交通新聞社）
月刊「JTB時刻表」（JTBパブリッシング）
『停車場変遷大事典 国鉄・JR編』（JTBパブリッシング）
『日本鉄道旅行地図帳』各号（今尾恵介＝監修／新潮社）
『JR・私鉄全線各駅停車』各巻（宮脇俊三・原田勝正＝編／小学館）
『新日本鉄道史 上・下巻』（鉄道図書刊行会）
『数字でみる鉄道2010』（国土交通省鉄道局＝監修／運輸政策研究機構）
『注解 鉄道六法』（国土交通省鉄道局＝監修／第一法規）

【図説】日本の鉄道

特別編成《とくべつへんせい》

山陽《さんよう》・九州《きゅうしゅう》新幹線《しんかんせん》ライン

全線《ぜんせん》・全駅《ぜんえき》・全配線《ぜんはいせん》

2011年9月14日　第1刷発行

編著者　川島令三《かわしまりょうぞう》
デザイン　板谷成雄
駅データ・編集協力　小野澤正彦　富田康裕
小関秀彦
協力　輿　暁
東横イン
配線図・MAP　アトリエ・プラン
印刷　大日本印刷株式会社
製本　大口製本印刷株式会社

発行者　鈴木 哲
発行所　株式会社講談社
〒112-8001
東京都文京区音羽2-12-21
電話　編集03-5395-3529
販売03-5395-3622
業務03-5395-3615

定価は表紙に表示してあります。

本書のコピー、スキャン、デジタル化等の無断複製は著作権法上での例外を除き禁じられています。本書を代行業者等の第三者に依頼してスキャンやデジタル化することはたとえ個人や家庭内の利用でも著作権法違反です。

落丁本・乱丁本は購入書店名を明記のうえ、小社業務部あてにお送りください。送料小社負担にてお取り替えいたします。

なお、この本についてのお問い合わせは、生活文化第二出版部あてにお願いいたします。

ISBN978-4-06-270073-3

© Ryozo Kawashima 2011, Printed in Japan

【川島令三の鉄道シリーズ、絶賛発売中!】

【図説】日本の鉄道 東海道ライン

第1巻 東京駅—横浜エリア
第2巻 横浜駅—熱海エリア
第3巻 熱海駅—豊橋エリア
第4巻 豊橋駅—名古屋エリア
第5巻 名古屋駅—米原エリア
第6巻 米原駅—大阪エリア
第7巻 大阪エリア—神戸駅
第8巻 名古屋南部・紀勢東部
第9巻 奈良・東大阪
第10巻 阪南・紀勢西部
第11巻 東京南東部・千葉北西部
第12巻 東京北東部・埼玉南東部

各巻定価：本体933円（税別）

【図説】日本の鉄道 中部ライン

第1巻 東京駅—三鷹エリア
第2巻 三鷹駅—八王子エリア
第3巻 八王子駅—松本エリア
第4巻 塩尻駅—名古屋東部
第5巻 米原駅—加賀温泉駅
第6巻 加賀温泉駅—富山エリア
第7巻 富山・糸魚川・黒部エリア
第8巻 糸魚川駅—新潟エリア
第9巻 信州・信越エリア
第10巻 上越・秩父エリア
第11巻 埼玉南部・東京多摩北部
第12巻 東京都心北部

第1〜11巻定価：本体933円（税別）／第12巻特別定価：本体1143円（税別）

保存版 発掘・発見! 鉄道・配線のミステリー 東海道ライン編 定価：本体933円（税別）